JN411489

광주모노그래프 02

오래된 가게

사라지는 것들에 기대다

사라지는 것들에 기대다

광주모노그래프 02

오래된 가게

김동하
김형중
박성천
범현이
이화경
한재섭

심미안

책을 펴내며

‘가게’라는 공간은 참 묘하다. 오롯이 가게를 운영하는 사장 개인의 취향대로 차린 공간이지만 누구나 발을 들일 수 있고, 그 누구나가 많아지면 지역 공동체 안에서 특정 가게에 대한 일종의 연대의식이 생겨난다. 공간의 물성과 취급하는 물건들의 종류와 사장님의 인상이 어우러지고 여기에 시간이 쌓이면, 가게는 마치 사람처럼 그만의 개성과 분위기를 자아낸다.

그런데 또 그 공간의 물성을 만드는 인테리어나 취급품들의 종류라는 것이 시대적 환경과 지역 문화에 영향을 받아 영업장이 번성하기도 하고 사라지기도 한다. 가게는 사적이면서도 공적이고, 각자 독립적인 듯하지만 시대와 조우하고 있는 것이다.

‘소소하면서도 누구나 가지고 있는 광주의 근현대 기억을 엮는다’는 취지로 시작한 「광주모노그래프」 시리즈로 ‘오래된 가게’를 선택한 이유는, 가게의 이런 용광로 같은 특성에 매료되어서다. 취급품목은 생필품보다는 음반, 도서, 사진, 미술과 같이 문화예술의 향유와 관련된 점포들로 압축하고, 예술의 거리에서 예술인과 일반인들이 서로 알게 모르게 무수하게 지나쳤을 식당과 다방들을 보태었다.

어느 가게든지 시간이 오래되면 주인과 손님들의 이야기가 쌓이기 마련인데, 특히 문화생활과 관련된 공간들은 이용자들에게 막연한 기대감과 흥분을 주면서 필자들의 내밀한 감성까지 깨울 수 있겠다는 생각이었다. 그렇게 연령도 활동 분야도 제각기 다른 여섯 명의 필자들의 손에 의해 자신들만의 이야기이면서 동시에 광주 사람 모두의 기억이기도 한 '광주 오래된 가게'의 작은 서사들이 탄생했다. 개인의 감정 따위는 들키지 않겠다는 듯 담담하게, 혹은 다른 이들의 추억에 의지하여, 아직 남아 있는 것들에 경의와 반가움을 표하며, 때론 흔적도 없이 사라진 것을 어렵게 소환하면서 여섯 편의 서사가 저마다의 방식으로 기억을 복원하고 있다.

작업이 끝나고 보니 새삼 사라져가는 것들과 오랫동안 잊었던 것들이 우리가 앞으로 나아가는 원동력이 되고 있다는 역설에 실감한다. 결코 완성될 수 없는 이 복원의 길에 광주모노그래프가 더 많은 사람들의 서사를 불러모으는 작은 계기가 되기를 바란다.

광주모노그래프 『오래된 가게_ 사라지는 것들에 기대다』 발간을 위해 기꺼이 과거의 시간과 마주해주신 여섯 분의 필진들, 그리고 카메라 렌즈로 이야기를 완성해주신 사진작가 인춘교 님에게 진심으로 감사드린다.

2020. 12.

광주문화재단

차례

책들의 종점, 계림동 헌책방 거리

새 책을 파는 서점에는 없는 헌책방에만 있는 책들이 있다. 책 속의 책이라고 해야 할까. 헌책들에는 저자의 기록만 있는 게 아니다. 독자의 기록과, 혹은 독자에게 그 책을 선물한 이들의 기록이 더불어 살아 있다. 책갈피 속에 묻어있는 수기의 기록들. 속표지에 적힌 책의 구매 장소와 구매일. 누군가가 누군가를 그리워하는 기록. 누군가가 누군가를 생각하는 마음. 소설 속 인물에 공감하며 남긴 편지 같은 글들. 취업을 위해 열심히 공부하던 흔적과 그런 와중 옆에 있던 친구와 낙서로 대화한 자취. 때론 엽서와 편지가 책갈피 사이에 끼어 있기도 한다.

책들의 종점,
계림동 헌책방 거리

김동하

문학서점_ 정진용

서글픈 햇살

오늘은 아무도 다녀가지 않았다.

다녀간 사람이 없으나 다녀간 것들이 없다 할 순 없다. 어제와 같다고는 해도 또 다른 모습들이 있다. 새 몇 마리가 우짖었고 나와 내 오래된 가게도 성큼 가을에 둘러싸였다. 물가가 가까웠다면 부쩍 늘어가는 철새들을 볼 수도 있었으리라.

몇 사람이 시간차를 두고 가게 창문으로 안을 들여다보다 떠났다. 늙은 사람도 있었고 젊은 사람도 있었다. 손님은 없었으나 가게 앞 도로는 여전

목원화실
목원미술관
옛 마 을
010-5618-8642
책 백화서점
책
책

히 차들로 어지러웠다. 은행나무 가로수에 기대둔 내 자전거는 퇴근 때까지 움직이지 않을 예정이고 나는 내 자전거처럼 가게 안에서 고요하다.

책 몇 장을 넘기다 까무룩 잠에 들었다. 그 사이 밖은 더 어둑해졌다. 이제 보니 듬성듬성 은행잎들이 노래질 기미를 보인다. 사실상 이곳의 은행잎은 가을 아닌 겨울에서야 단풍이 든다.

이곳에서 첫눈과 단풍이 겹쳤던 해들을 몇 해쯤 알고 있다. 그 세월을 이곳에서 보냈다. 남은 세월이 보낸 세월보다 길다고는 할 수 없겠지만 나는 그 남은 세월을 이곳에서 보낼 생각이다. 어쩌자고 이 책감옥 속에 들어오고 말았을까. 나는 헌책방을 한다.

문밖으로 보이는 나무 한 그루
가지는 띄엄띄엄 엉켜 자라고
싱그런 바람에 날리우는 나뭇잎
사이로 서글픈 햇살이 비추면
그 나무 옆에 살포시 새가 날아와
도란도란 노랫소리 울려 퍼지네
가을바람 속삭이듯 내게 말하네
싱그러운 가을하늘 노래하는 이 마음

–「서글픈 햇살」, 작사·작곡 정진용

이제 보니 신발 옆에 헌책이 떨어져 있다. 박노해 시인의 시집 『그러니 그대 사라지지 마라』다. 졸기 전에 읽던 것이다. 노랫말을 쓰는 데 도움이 될까 해서 며칠 전부터 들여다보는 중이다. 노래는 단순히 취미라 하기엔 깊고 일이라 하기에는 일천한 내 오랜 동료다. 어쨌든 대학생 때부터 지금까지 서른 해의 세월을 음악의 파장 안에서 지내왔다.

공교롭게도 시집은 읽던 페이지 그대로 바닥에 뒤집어져 있었다. 맞다. 「조금씩 조금씩 꾸준히」라는 시를 읽던 중이었다.

> 조금씩 조금씩 꾸준히 나빠지고
> 조금씩 조금씩 꾸준히 좋아질 뿐
>
> 사람은 하루아침에 변하지 않는다
> 세상도 하루아침에 좋아지지 않는다

마음에 드는 구절을 찾았지만 밑줄을 긋지는 않는다. 어차피 헌책이니 밑줄 하나 더한다고 크게 달라질 것도 없으나 여태 책에 다른 걸 더해본 적이 없다. 다만 옮겨 적는다. 내게 있어 책은 지식의 보고도 간접체험의 장도 아니었다. 자산, 그저 자산의 의미였다. 그게 내게 다가온 책의 첫 느낌이었다.

나와 어머니

지금의 가게는 내 어머니가 하던 것이었다. 정확한 순서를 복기해보자면 부모님이 함께 운영했었고 그러다 어머니가 혼자 이어갔다. 그러다 긴 시간이 지나 내가 가게를 물려받아 꾸려가는 중이다. 어쩌면 그 이유일지도 모른다. 어머니와의 기억. 내가 이 쇠락해가는 헌책방을 이어가기로 한 건 그 기억 때문일 거다.

문학서점의 역사는 내 어머니의 역사다. 단골들은 문학서점을 내 어머니로 기억하고 내 어머니를 문학서점으로 기억한다. 나 역시, 그렇다.

자주라고는 할 수 없다. 어머니에 대한 기억에 젖는 건. 어머니의 기억은 주로 어머니를 아는 단골들이 들렀을 때 불쑥 튀어나온다. 그리고 아주 가끔, 지금처럼 햇살이 서글프게 느껴지는 해거름에 어머니가 온다.

내 어머니의 이름은 김말순이다. 아버지와 함께 담양에서 농사를 지으며 살다 광주로 이사와 도시빈민으로 살았다. 한글도 받침이 있는 건 쓰기 어려워하는 어머니가 어쩌자고 헌책방을 하게 됐을까. 이모들도 어머니를 볼 때면 그 점이 신기했는지 "니가 책방을 한다고야?"하고 되묻고는 했다.

1976년 작은아버지가 어머니보다 앞서 계림동에서 헌책방을 열었다. 지금 문학서점의 맞은편에서 말이다. 어머니는 지금 문학서점 자리에서 문구점을 하고 있었다. 그런 어머니가 작은아버지의 영향으로 1980년 7월 문구점을 접고 헌책방을 열었다.

어머니가 갑자기 헌책방으로 업종을 바꾼 정확한 이유는 모른다. 짐작컨대 문구점보다는 헌책방이 장사가 더 잘될 것 같아서, 혹은 작은아버지가 먼저 하고 있던 터러 노하우도 전해 들을 수 있어서가 아닐는지 싶다. 다만 지금은 다른 이유 하나도 더 있을 거라 추측한다.

못 배운 부모의 숙원은 내 자식은 어떻게든 고등교육을 받게 하려는 것이다. 아마도 그런 이유가 아니었을까. 내 자식들 손에는 호미나 삽이 아닌 책이 들렸으면 하는 바람 말이다. 그리하여 한글조차 익숙하지 않던 분이 책장사를 한 건 아닐까.

어머니가 문학서점을 꾸려갈 때부터 단골이었던 ㅇㅇ씨는 나를 보면 곧잘 내 어머니의 이야기를 꺼내곤 한다. 내가 내 어머니를 회상하듯 그들도 최소한 이 가게 안에서는 내 어머니를 추억한다.

> 암만 생각해도 신기하단 말야. 자네 어머니는 알파벳도 모르면서 영어책을 그렇게 잘 파셨네. 껄껄.

나 역시 처음에는 어찌 된 영문인지 몰랐다. 시간이 흐르면서, 곁에서 어머니를 보아오면서 알았다. 학생들이 영어 제목으로 된 책, 가령 엣센스 영한사전 같은 책을 사갈 때면 어머니는 뜻 모를 제목이 적힌 표지를 사진처럼 통째로 기억해두는 것이다.

어머니가 헌책방을 개업했을 때 나는 초등학교 3학년이었다. 책이 귀한 시절이었고 헌책의 가치 또한 새 책과 다름없던 때였다. 함께 책방을 운영해나가던 아버지는 내가 중학교 2학년 때 돌아가셨다. 이후 어머니 혼자 책방 운영을 도맡아야 했고 누나가 많이 거들었다. 나도 조금 도왔다. 그때 열심히 도왔더라면 책방을 물려받지 않았을까? 모르겠다.

BASIC

닫히는 문들

어머니는 11년 전(2009년)에 돌아가셨다. 작은아버지가 운영하던 교육서점은 3년 전(2017)에 문을 닫았다. 다른 헌책방의 사장님들 여럿도 고령과 병환, 생계들의 문제로 책방 운영을 멈추었다.

나는 여전히 이곳 계림동 헌책방의 거리에 남아 있다. 어머니의 유언에 가업을 이어달라는 내용 따위는 없었다. 다만 어머니가 떠나면서 이 작은 가게가 남았고 그리해 나는 자연스럽게 지금의 문학서점 주인이 됐다. 서점을 물려받아야 한다는 생각보다는 없앨 순 없다는 생각이 컸다. 내게 있어 이 가게는 어머니다.

어머니가 그랬듯 이 자리에 앉아 가게 밖을 본다. 어머니가 한창이던 그 시절엔 제법 손님이 많았다. 그러니 어머니로서는 지금의 나처럼 앉아 시간을 보낼 순간이 많지는 않았을 거다. 그러다 짬짬이 이렇게 앉아 밖을 보면 어린 내가 있었을까.

그때만 해도 어린애들의 놀이터가 따로 있지 않았다. 대신 집 밖은 어디든 놀이터가 됐다. 나는 밥 먹고 잘 때는 가게 안에 있었고 놀 때는 밖에서 놀았다. 안 나가고 가게 안에 있으면 어머니가 일하는 데 방해되니 나가 놀라고 했다. 그러니 낮의 나는 도로변이 키웠다. 차가 많지 않을 때라 도로변에서도 자치기를 했다. 딱지치기, 구슬치기, 오징어 같은 놀이도 하고 축구를 하기도 했다.

제법 장난꾸러기였다. 그럼에도 불구하고 책은 늘 깨끗이 보았다. 손님이 돈을 주고 책을 사감을 아는 탓이다. 그 돈이 우리 식구를 먹고 살게 하는 것임을 알았다. 그래서 내게 책은 자산의 개념이다. 읽어야 의미가 있을 테지만 어린 내가 보기엔 판다는 의미가 더 크게 다가왔다.

책이 지천에 있다 보니 책 귀한 줄 몰랐다. 독서도 별로 안 했다. 오히려 지금에 와서야, 나이를 먹어가면서야 책을 더 본다.

어린 시절 함께 뛰놀던 친구들은 다 계림동을 떠났다. 이 거리의 나이든 헌책방 사장들을 보다 보면 오래된 앨범의 갈피처럼 느껴지고는 한다. 남은 자의 숙명이랄까. 나 역시 그 갈피가 되어가고 있음을 느낀다.

줄곧 이곳에 머물러서일까. 그 시절의 이 거리와 지금의 거리가 아스팔트가 깔렸다는 것 말고는 특별히 다르게 느껴지지 않는다. 그리고 이런 기분의 근거는 어느 정도 사실이기도 하다. 마을 어르신들 중에 서울에서 청춘을 다 보낸 뒤 계림동으로 돌아온 분이 계신다.

그 어르신이 하는 첫말이 "아이고 계림동 왜 이렇게 발전이 안 됐어?"다. 내가 이곳 책임자도 아니지만 괜히 죄송스러운 마음이 든다. 생각해보면 내가 중고등학교 때랑 비교해도 크게 달라진 건 없는 것 같다.

최근 광주고등학교 옆인 7구역은 개발이 한참이다. 하루가 다르게 아파트들이 올라가고 있다. 참으로 오랜 세월 만에 보는 바뀌어 가는 풍경이다. 그게 익숙하지 않아서일까. 달라지는 지근의 거릴 보며 어떤 표정을 지어야 할지 잘 모르겠다. 아마 이곳에 사는 다른 이들의 심경도 비슷할 거다. 개발이 돼서 경제적으로 사는 게 더 나아졌으면 하는 마음과 그래도 원래대로 사는 게 익숙하고 편하지 하는 마음이 공존할 것이다. 공존일지 다툼일지는 모르겠으나.

내 가게의 맞은편, 작은아버지의 교육서점이 있던 부근도 재개발이 될 가능성이 있다고 한다. 그리되면 광일서점과 백화서점도 문을 닫게 될지 모른다. 두세 개의 헌책방이 남은 거릴 헌책방 거리라 부르기는 억지스럽다.

나른한 오후

변화가 더딘 곳에서 지내다보면 바삐 생각할 게 없다. 새로운 것을 생각하는 대신 오늘과 어제의 일들을 곱씹는 시간이 많아진다. 하나의 기억에 대해서도 어제와 오늘의 느낌이 다르다. 그리하여 그런 기억들 중 일부는 특별할 것 없음에도 조금 더 의미를 부여받고 노래가 되기도 한다. 나른한 오후도 그런 가운데 만들어진 곡이다.

책과 가까이하기를 바라던 어머니의 마음을 생각하다 보면 못내 죄송스럽다. 기껏 대학을 갔으나 학업보다는 기타 치고 노래하는 데 열중했다. 라이브 카페에서 노래하며 학비를 벌기도 했다. 좋아하는 일이 돈도 되니 달았다. 그만둘 수가 없었다. 졸업 후에는 조대후문에서 식당을 한 오년 하다 업종을 바꿔 라이브 카페를 오 년쯤 했다. 그때만 해도 책방을 할 생각도 없었고, 하게 되리라 생각지도 못했다.

문제는 하던 사업이 잘 풀리지 않았다는 점이다. 좋아하는 일을 하면 잘될 거라, 잘할 수 있을 거라 생각했지만 현실은 녹록지 않았다. 어느 시대건 낭만과 현실 사이에는 괴리가 있나 보다.

햇빛 창가에서 바라보는 오후의 햇살이

눈부시게 내 눈을 비춰오는데
저 멀리에서 들려오는 그대의 노래가
나의 마음 외로이 물들어가고
나뭇잎 사이로 불어오는 바람이
햇살이 비춰오면 나른한 오후를 만드네

–「나른한 오후」, 작사·작곡 정진용

내가 세상살이에 헤매는 사이 홀로 책방을 운영하던 어머니는 연로했고 나는 뒤늦게 어머니의 품으로 돌아왔다. 겉으로는 연로한 어머니 일을 돕는다고 왔으나 그게 진짜 이유가 아닌 건 어머니도 나도 알았다. 어머니가 "아이고, 대학까지 나온 놈이 어쩌자고"라는 한탄 섞인 혼잣말을 하는 걸 듣기도 했다.

염치없게도 어머니와 함께한 그 이삼 년이 좋았다. 어머니가 돌아가시기 전까지 지지고 볶던 그때가 참 좋았다. 노인네랑 있다 보니 넉살이 늘었다. 그렇게 다시 오지 않을 시절을 보내고 어머니를 떠나보냈다.

이제 문학서점만 남았다. 때론 징글징글한 이 책방이 어머니의 대신이다. 그러니 계림동의 헌책방 거리는 어머니와 나를 품어주는 집 같은 곳이다.

작은아버지가 운영하던 교육서점은 삼 년 전(2017년) 문을 닫았다. 그 소식은 지역신문에도 실렸다. 이후 삼 년 사이 많은 헌책방들이 사라졌다. 사라지는 책방들 소식이 일일이 신문에 실리진 않았다. 사라지는 것에 대한 관심은 유효기간이 짧다. 사라지고 나면 잊어지니까.

남은 책방의 주인들은 하나같이 고령이다. 그러나 수익성이 낮다 보니 가업을 물려받으려는 자식이 있을 리 없다. 젊은 축에 드는 사장은 나, 그리고 최근 가업을 이어받은 유림서점의 딸, 유수진 대표뿐이다. 그녀는 책방 옆에 카페를 차려 수익을 올려보려고 고군분투하고 있다. 짐짓 동지애가 들기도 한다.

나 역시 이리 박노해 시인의 시집을 들여다보며 곡을 써보겠다고 뭉개고 있는 데는 내 가게를 운영하는 데 소규모 공연프로그램들을 접목해보기 위해서다.

작년 8월에 동구청에서 인테리어비를 얼마간 지원받았다. 거기에 자비를 더해 지금처럼 책방 중심 공간을 비워냈다. 다용도공간으로 사용하기 위해서다. 앞으로 헌책방은 지역의 문화사랑방 역할을 해야 한다는 믿음이 있다. 책만 파는 걸로는 아무래도 힘드니까. 좀 지루하기도 하고.

나는 사람이 좋다. 설령 책을 안 사더라도 많은 사람들이 내 공간, 내 어머니의 삶이 담긴 장소에 들렀다 쉬어가면 좋겠다. 다소 힘들더라도 남아 있는 사람들이 있어야 떠난 이들이 돌아올 수도 있을 테니까. 떠난 이들이 잘되건 그렇지 않던 간에 돌아갈 곳이 있다는 것만으로도 힘이 될 거다. 내게 이 문학서점이, 내 어머니의 품이 그런 의미이듯 말이다.

책 속의 책

다섯 시 삼십 분. 겨울의 초입인지라 해가 짧다. 벌써 하늘이 붉어진다. 가게 안으로 쏟아지는 저 노을을 본 게 몇 해인가. 그런데도 좀체 질리지가 않는다. 50년 평생을 광주에서, 그것도 대부분을 이 계림동에서 지냈다. 이걸 합리화라고 해야 할까. 이제 다른 동네에서는 못 살겠다. 여기가, 이 거리가 좋다.

문득 사쿠라의 팥빙수가 먹어보고 싶다. 사쿠라가 팥 끓는 냄비를 지그시 바라보던 장면이 어른거린다.

사쿠라는 오기가미 나오코 감독의 영화 〈안경〉 속 인물이다. 슬로우 무비 계열에 속하는 영화라던가. 이런 나라도 슬쩍슬쩍 초조하기도 했나 보다. 이 느리고 잔잔한 영화가 가슴 깊은 곳에 남은 걸 보면.

내가 영화 속 빙수가게 노파인 사쿠라처럼 느껴질 때가 있다. 마을 사람도, 관광객도 많지 않은 외딴 해안에서 홀로 팥빙수를 파는 그 노인네. 다른 사람들이 보기에는 영 재미없고 지루한 인생일 테지만 나는 그 노인네와 닮은 내 삶이 퍽 만족스럽다.

> 이쪽은 바다이고 저쪽은 마을이에요. 이 정도만 기억해두면 문제 없습니다.

수많은 책들에 둘러싸여 있지만 내 삶은 가게 안과 가게 밖에 대한 구분이면 충분할 만큼 단순하다. 나는 그 단순한 일상을 잘 활용하는 편이다.

단골손님이 사라는 책은 안 사고 막걸리나 한잔하자고 꼬드길 때가 있다. 그럴 때 '아따 일하는 중인데'라고 운을 뗄 수 있는 직장이 있고, 대인시장으로 앞장서는 단골들이 있다는 건 좋은 일이다.

Jane Eyre
36 Celebrities
The Old Man and
강한 여자는 수채화처럼 산다

새 책을 파는 서점에는 없는 헌책방에만 있는 책들이 있다. 책 속의 책이라고 해야 할까. 헌책들에는 저자의 기록만 있는 게 아니다. 독자의 기록과, 혹은 독자에게 그 책을 선물한 이들의 기록이 더불어 살아 있다.

책갈피 속에 묻어 있는 수기의 기록들. 속표지에 적힌 책의 구매 장소와 구매일. 누군가가 누군가를 그리워하는 기록, 누군가가 누군가를 생각하는 마음, 소설 속 인물에 공감하며 남긴 편지 같은 글들. 취업을 위해 열심히 공부하던 흔적과 그런 와중 옆에 있던 친구와 낙서로 대화한 자취. 때론 엽서와 편지가 책갈피 사이에 끼어 있기도 한다.

때론 책을 읽는 것보다 그 책 속에 남은 전 소장인들의 추억을 들여다보는 게 더 재밌곤 한다. 전 소장인들의 추억을 엿보다 보면 그 내용의 성질을 떠나 왠지 애틋한 마음이 들고는 한다. 나도 모르게 얼굴도 모르는 그들의 삶을 상상해보고는 한다.

이곳에 온 책들은 그래도 한 번은 주인을 만났던 책들이다. 그러니 이미 나름 제 몫은 해낸 책들인 셈이다. 그런데 왜일까. 나는 아직 내 몫을 다 못 해낸 것 같다. 아직은 더 이 거리를 지키고 있어야 할 것 같다.

하나둘 사라지는 이 거리의 헌책방들 속에서 꽤 오래 버텨왔다. 내가 문학서점의 주인이 된 뒤로 보아온 헌책방의 역사는 사라짐의 역사였으나 나는 여전히 새로 문을 여는 헌책방을 기다린다. 그러니 아직은 젊다고 할 수도 있겠다.

해방 직후부터다. 이곳에 헌책방이 있던 건. 1960~1970년대만 해도 이 중고 책방의 거리는 위세가 대단했다. 1980년대에 이르러 이 거리에 자리한 헌책방은 70여 개에 이르렀다. 말이 70여 개지 광주고등학교에서 계림동 오거리에 이르는 700여 미터 거리 안에 이 많은 책방이 밀집해 있는 모습을 상상해보면 실로 장관이다. 오늘날 패션 아울렛처럼 헌책방 아울렛이 있던 셈이다.

무엇이 이리도 이곳에 헌책방들을 즐비하게 했을까. 산업화로 경제가 급성장할 때였다. 일자리를 찾아 시골을 떠나 도시로 상경하는 이들이 많았다. 대개 형편이 넉넉지 않았던 이들이었다. 그러니 성공하려면 일도 하고 공부도 해야 했다.

해서 낮에는 일을 하고 밤에는 공부를 했다. 책이 귀한 시절이었다. 얼마 되지 않는 월급으로는 새 책을 사보기가 쉽지 않았다. 헌책방에서 산책들로 주경야독했다. 학생들에게도 책은 귀했다. 참고서는 고사하고 교과서도 귀한 시절이었다. 헌 것을 쓰는데 남의 눈치를 볼 필요 없는 시절이기도 했다. 그러니까 그때만 해도 헌책방이 도서관과 학원이자 인터넷이기도 했다.

담양서점이 있던 자리

내가 담양서점에 처음 들른 건 1978년, 대학생 새내기였을 때였다. 새 학기가 시작될 무렵이면 계림동 헌책방의 거리는 참고서와 교과서를 사려는 학생들로 북적였다. 고등학생이 많았고 대학생들도 적지 않았다. 헌책들을 파는 거리였으나 아이러니하게도 늘 새 출발을 준비하는 이들로 북적였다. 모든 지식과 정보가 책을 매개로 옮겨가는 때였으니까.

비단 헌책방 때문이 아니더라도 시청과 도청 사이에 있는 계림동은 번화가였다. 차야 지금처럼 많지 않았지만 길에서 보이는 행인들이라면 지금과는 비교할 수 없이 많았다. 어느덧 사십 년도 훌쩍 지난 그 시절이 되었지만 그때부터 지금껏 계림동 헌책방 거리와 내 인연은 끊긴 적이 없었다.

나는 몇 해 전부터 계림동 헌책방 거리로 출근한다. 내 인생 2막을 이곳에서 시작한 거다.

어쩌다 고서(古書)들에 둘러싸인 삶을 살게 된 걸까. 생각해보면 어릴 적부터 오래되거나 버려진 것들은 유독 내 관심을 끌었다. 또래들은 새것들에 환호했지만 나는 반대로 오래된 것들에 관심이 많았다.

길에서 기왓장 조각, 도자기 파편, 특이한 형태의 돌멩이라도 발견하면 물에 깨끗이 씻어서 유심히 그 형태를 살피곤 했다.

이 기와가 왜 이런 산속에 있는 거지?

속으로 묻고 상상하고는 했다. 그러다 중학생이 되어 국사를 배우면서는 상상이 조금씩 구체적으로 변해갔다. '혹시 이거 구석기 유물은 아닐까'하는 식으로 말이다. 그렇게 자연스레 역사와 유물에 관심을 갖게 됐다. 당시 서울대에만 있던 고고학과를 가고 싶었으나 성적이 아쉬웠다. 그렇게 역사교육과를 가게 됐다.

이런 내게 담양서점은 계림동의 헌책방들 중에서도 유독 관심을 끄는 곳이었다. 헌책과 함께 고서들을 취급하는 곳이기 때문이었다. 누군가는 고서라고 하면 곰팡이 피고 눅눅하고 퀴퀴한 것으로 취급하기도 하지만 내게는 다 보물로만 보였다.

당시에는 학생이다 보니 주머니가 넉넉하지 않았다. 한 학기 대학 등록금이 23만 원일 때였는데 고서 한 권의 가격이 이삼만 원씩 했다. 일반 새책이 천 원이나 할까 싶을 때였으니 엄청난 가격인 셈이다. 고르고 골라 겨우 두어 권을 샀던 기억이 난다. 그렇게 담양서점과, 담양서점의 주인인 김귀수 사장님을 알게 됐다.

그는 헌책방의 책들 중에서도 유독 고서에 대한 애정이 깊었다. 나는 담양서점에 자주 들렀고 김귀수 사장님에게서 고서에 대한 이런저런 이야기들을 듣곤 했다. 어릴 적 서당을 다녀 한문에 밝다고는 하나 고서에 관해서라면 독학으로 공부한 그였다. 그런데도 책의 활자와 지질 연대 등 서지학에 관한 지식들을 해박하게 풀어놓는 걸 보다 보면 절로 존경심이 들고는 했다.

대학을 졸업하고 1985년에 담양 옥과고등학교에 국사교사로 부임했다. 아이들에게 국사를 가르쳤다. 그러면서도 계림동 헌책방 거리를 자주 오갔다. 그때마다 담양서점은 빼놓지 않고 들렀다.

여기저기서 모은 고서와 고문서들은 아이들을 가르치며 교보재로 사용하기도 했다. 조선 후기 신분을 거래하던 문서인 공명첩을 직접 보여주기도 했고 교과서에 작은 사진으로 삽입된 교지와 호구단자의 실물을 보여주기도 했다. 말하자면 내게 있어 고서 수집은 단순한 취미라기보단 취미와 일 중간쯤에 있었는지도 모른다.

2015년 30년 직장에 퇴직을 신청했다. 교사생활이 싫지는 않았다. 그런데 정년을 5년 반 앞두고 퇴직을 신청했다. 1992년부터는 경제적인 여건이 나아져 본격적으로 향토사 관련 고서나 고문서들을 모으기 시작했는데 그렇게 모인 양이 적지 않았다. 더 늦기 전에 본격적으로 고서의 세계에 뛰어들어보고 싶었다. 취미와 일 중간에 있던 고서 수집을 이제는 일 쪽으로 기울이고 싶었다.

고서들을 사고파는 고서점을 차리기로 했다. 내가 퇴직하기 이삼 년 전에 김귀수 사장님이 작고하셨다. 그러면서 담양서점 자리가 비어 있었다.

어쩌면 내게 처음으로 고서의 세계를 알게 해준 분이 김귀수 사장님이었다. 때문에 그가 떠나고 빈 옛 담양서점의 자리를 보는 내 심정은 복잡 미묘했다. 그는 생전 자신의 책방을 넘겨받을 이가 없다는 사실을 안타까워하고는 했다. 그런 그가 세상을 떠난 뒤로 계림동 헌책방 거리에서 고서점을 취급하는 곳은 사라지고 말았다. 나라도 그 일을 이어가야겠다고 생각이 퍼뜩 들었다. 언젠가 하게 될 일이었다. 그 시기를 조금 더 앞당기게 된 거다.

책들의 운명

담양서점이 있던 자리에 '광주 고서점'을 차렸다. 직접적으로 그분의 헌책방을 이어받은 건 아니었다. 그분은 이미 작고한 지 오래였으니까. 그럼에도 내 광주 고서점에는 담양서점의 정신이 이어져 있다고 생각한다. 정신이란 말이 무겁게 느껴진다면 추억으로 대체해도 되겠지만. 책방 주인과 간판은 바뀌었지만 담양서점 시절 손님이 광주 고서점에도 이어지는 경우가 적지 않다. 그들과 나는 이렇게나마 담양서점이 이어지는 것 같아 피차 다행이라고 생각한다.

세상은 끊임없이 변하고 그런 이유로 사라지는 것과 생겨나는 것이 공존한다. 헌책방은 사라지는 쪽에 서 있다. 어쩌면 헌책방으로 온 책들은 이전에 사라질 운명이었을지도 모른다. 그런 운명에 놓인 책들이 헌책방이란 마지막 환승 정류장에서 새 생명을 부여받을 기회를 기다리고 있는 것이다.

김귀수 사장님은 고서들의 운명에 대해 누구보다 잘 아는 사람이었다. 오래된 주택이 이사를 하거나, 오래된 마을이 재개발이 되면 그동안 개인집에 묵혀 있던 고서들이 출현하는 일이 잦았다. 누군가에게 책은 인테리어 소품이기도 하기에 새집에 어울리지 않는 책은 내용과 상관없이 버려지는 것이다.

새 술은 새 부대에 담으라던가. 헌책방의 운명은 새집에 어울리지 않는다고 버려지는 책들과 대동소이해 보이기도 한다. 하물며 나는 헌 것들의 정점이라고 할 고서들을 취급한다. 어찌 보면 시대를 역행하는 듯한 인생이다. 물론 나는 그렇게 생각하지 않는다. 나는 과거와 현재는 필연적으로 이어져 있다고 생각하는 부류니까.

이 거리와 인연을 맺는 동안 사라진 수많은 헌책방들을 보았다. 환승할

기회를 잃은 책들은 저울 위로 올라간다. 저울 위의 책들에게 그 내용은 아무런 의미가 없다. 그저 물리적인 무게로만 측량된다. 그렇게 파지의 절차를 밟게 된다.

파지 될 운명에 놓인 책들을 볼 때면 거칠게 말해 세상이 무너지는 기분이 된다. 사라짐은 모든 존재하는 것들의 숙명인 걸 모르는 바 아니나 그 과정을 지켜보는 동안은 못내 비감이 든다.

내게는 이런 안타까운 심정이 단순히 감상적인 이유로만 작동하는 건 아니다. 고서를 취급하기 때문일 수도 있다. 고서들 중에는 책이 아닌 고문서들도 다수가 있다. 이들 중 상당수는 활자본이 아닌 필사본이다. 동일한 문서가 많지 않거나 없는 경우도 있다. 유일무이한 것들도 있다는 의미다.

그런 문서들이 그 의미를 모르는 사이 사라질 수도 있다. 우리 지역의 고문서가 타지역으로 팔려가는 일들도 잦다. 후학들이 지역 문화를 연구할 때 우리 지역과 관련된 자료를 타지역으로 발품을 팔아서 찾아야 하는 사례들이 생기는 거다. 그러니 내 주목받지 못한 직업도 누군가에겐 큰 의미가 있는 셈이다.

운주사 와불님
뵙고 돌아오는 길에
그대 가슴의 처마 끝에
풍경을 달고 돌아왔다.

먼데서 바람 불어와

풍경소리 들리면

보고 싶은 내 마음이

찾아간 줄 알아라.

—「풍경 달다」, 정호승

어쩌다 보니 아내와 아들과 떨어져 지낸지도 이십 년째가 돼간다. 모자는 서울에서 지낸다. 아내와 아들이 그립지 않을 리 없다. 무시로 보고 싶다. 별수 없이 조금은 외로운 삶이겠으나 나는 이 적적함이 싫지 않다. 천성적으로 혼자 있는 걸 좋아한다. 혼자 있으면서 좋아하는 음악을 듣거나 책을 읽는 시간이 나쁘지 않다.

흔히들 고서적이라고 하면 남루하고 구태의연한 내용들일 거라 넘겨짚고는 하지만 꼭 그런 건 아니다. 나는 온고지신(溫故知新)이란 말을 좋아한다. 옛것이라 해서 옛날에만 머물러 있는 것은 아니다. 과거의 그들도 오늘날 우리가 느끼고 생각하는 것처럼 느끼고 생각했다. 다르되 다 다른 건 아니었다. 그러니 분명 지금 우리가 참고해야 할 가치들도 있다.

보통 열시 경 책방 문을 열고 다섯 시 반경에 닫는다. 손님이 많지 않기에 홀로 고서들을 들여다보는 시간이 많다. 당시의 삶을 짐작해보는 즐거움이 크고 서지학상 흥미로운 점을 발견하기도 한다. 그러다 보면 새로운 부분들을 발견하기도 한다.

일례로 1884년에 발행한 『충효경집주합벽(忠孝經集註合壁)』이란 고서를 들 수 있다. 이 책의 내용은 유교 사회의 흔한 가치인 충효예를 다루고 있다. 이 책의 가치는 내용에 있지 않다. 내용만 보면 조선시대의 흔한 책들 중 하나일 뿐이다. 나는 이 책을 살펴보다 인쇄된 형태에서 특이점을 찾았는데 조선사회에서는 잘 사용하지 않던 납활자를 통해 인쇄된 것이었다. 그 이유인즉슨 이 책이 우리나라 최초의 민간출판사(근대출판사)라고 할 광인사에서 발행한 것이기 때문이었다. 정리하자면 충효경집주합벽의 가치는 그 내용에 있지 않고 서지학상에 있는 것이다.

이런 내용을 알아내 고서적을 취급하는 이들에게 알려 주었다. 그랬더니 당시 만 원에 불과하던 책이 85만 원으로 뛰었다. 새로운 사실을 알아냈다는 즐거움이 크지만 한편으로는 모든 가치가 자본 가치로 통합되는 현실이 씁쓸하기도 하다.

나는 고서로 장사를 하는 사람이다. 고서를 연구하는 사람이기에 앞서 상인이기도 하다. 때문에 나 역시 일반적인 경우에는 높은 값을 부른 이에게 고서를 팔게 된다. 그래야 이 일을 직업으로서 유지할 수 있다.

고서(古書)의 말

선조들이 고서를 통해 남긴 메시지 중 가장 지속적이고 자주 등장하는 건 결국 자본이 궁극적인 목표가 되어서는 안 된다는 것이다. 그리고 이는 오늘날에도 주효한 메시지다. 아니, 오히려 더 강조되는 부분이다. 책이 주장하거나 조언하는 바가 있다면 대개 그것들이 잘 지켜지지 않고 있기 때문이다. 우리가 알면서도 지키지 못한 가치가 오래전 선조들이 살던 시대에도 여전했다는 것이다. 자본의 노예가 되지 않는 삶이란 예나 지금이나 여전히 어려운 문제라는 뜻이기도 하다.

『충효경집주합벽』처럼 내 오래된 책들 중에는 값이 오른 것들도 있지만 반대로 값이 떨어진 것들도 있다. 내 가게의 책장 하단을 채우고 있는 총 28권으로 된 저 두꺼운 책들이 그렇다.

1991년, 나는 한국정신문화연구원에서 한국민족문화대백과사전이 발행됐단 소식을 신문을 통해 접했다. 해당 기사를 보자마자 한국정신문화연구원에 전화를 걸었다. 당시 내가 이 28권의 백과사전을 구매하며 치른 비용은 97만 원이었다. 그러나 지금 이 방대한 지식의 보고인 백과사전의 값은 5만 원에 불과하다. 이 백과사전의 내용이 통째로 인터넷에 데이터로 들어갔기 때문이다. 이젠 이 두껍고 방대한 분량의 책을 집에 구비해 두지 않고서도 인터넷에 검색만 하면 얼마든지 책의 내용을 살필 수 있다.

물론 그렇다고 해도 이 책을 구매한 일에 대해 후회하진 않는다. 인터넷이 활성화되기 전까지 이 책은 내 서재에 머물며 지금의 인터넷 역할을 해주었다. 이 책이 있기에 지문들이 좀 알아봐 달라 물어온 것들도 거뜬히 해결해줄 수 있었고 내가 고서나 다른 연구를 할 때도 충분히 도움을 받았으니 이미 1991년에 치른 값 이상을 했다. 그러니 내게 이 책은 단순히 5만 원이란 시세로만 보이지 않는 것이다.

고서점을 꾸리다 보니 많은 고서 수집가들을 만난다. 그들 중에는 고서의 가치를 얼마나 오래된 것인가로만 판단하는 이들도 있다. 대개 고서의 가치를 돈으로만 환원하려는 이들의 경우다. 그런 이들은 고서의 참가치를 모르고 있는 것이다.

고서는 역사를 설명하거나 가르치는 책이 아니다. 그 자체로 당시의 역사가 담겨 있는 책이다. 내용상으로 의미가 있을 수도 있고 서지학상 사료적 가치가 있을 수도 있다. 재테크 용도로 고서를 수집하는 사람들도 있을 터이나 그런 목적으로 접근해서는 좋은 고서를 접하기가 어렵다는 게 내 입장이다.

고서를 취급하는 나 같은 사람이야 일단은 상인이기에 돈을 지불하면 파는 게 맞다. 그러나 기왕이면 해당 고서의 가치를 잘 이해하는 사람에게 넘기고 싶은 마음이다. 그러니 고서를 대하는 좋은 마음을 갖고 있는 사람에게 가치 있는 고서가 다가올 가망성도 높을 수밖에 없다.

물론 고서를 경제적 가치로만 판단하는 이들과는 달리 참가치를 아는 이들도 많다. 내가 소장한 고서나 고문서가 연구를 진행하는 데 있어 꼭 필요한 이들과 만난 경우도 있었다. 고증할 자료를 구하지 못해 쩔쩔매던 이들에게 해당 자료가 나타날 때면 그야말로 가뭄에 단비가 아닐 수 없다. 그런 이들을 만날 때면 그간의 고생이 눈 녹듯 사라진다. 보람을 느낀다. 그러니 건강이 허락되는 한은 광주 고서점을 이어가고자 한다.

유림서점_ 김길남

호미를 드는 게 싫었어요.

농사짓는 부모님과 화순 능주에서 살았습니다. 농사를 짓는 집에서 태어났으니 저 또한 손에 흙을 묻히는 날이 많았죠. 전 농사짓는 게 싫었어요. 뭐든 괜찮으니 농사만 안 짓고 살면 좋겠다 싶었죠.

지금의 남편인 유병공 씨를 만나게 되면서 농사는 안 지어도 되겠구나 싶었어요. 남편은 군대를 다녀오고 나서 총각 때부터 헌책방을 하고 있었거든요. 착하기도 하고 책장사를 하는 남편이 좋았습니다. 당시만 해도 책 싫어하는 사람은 거의 없었을 거예요. 책이 워낙 귀한 시절이었으니까요. 헌책이어도 상관없었어요. 읽고 싶은 책이 많았는데 책들로 가득 찬 곳에 산다니 기대가 크기도 했지요.

책감옥에 삽니다

그 결과가 이래요. 이 복대를 차지 않고는 움직일 수가 없어요. 헌책방을 하는 남편과 살면서 저 또한 자연스레 책을 팔게 됐지요. 남편이 헌책들을 구해오면 저는 그 책들을 수선하고 팔았어요. 지금처럼요. 책 표지를 닦고, 떨어지기 쉬운 내지들을 이렇게 풀칠해서 고정시키고, 팔리지 않을 책들을 추려내 버리고 손님을 맞는 일들 말이에요.

지금의 유림책방 자리로 온건 막내딸이 갓난아기일 때니까 벌써 43년 전이네요. 그전에도 예전 계림파출소 자리에서 책방을 했었어요. 그 세월까지 합하면 49년 정도가 되려나. 무려 반세기예요.

감옥살이예요. 책감옥살이.

살림집이 책방 안쪽에 달려 있어요. 직장과 집이 같은 곳이니 종일 같은 곳에 있는 셈이죠. 그 안에서 이렇게 쪼그려 앉아 보낸 세월이 43년이 넘어요. 이거야말로 감옥살이가 아니고 뭐겠어요. 물론 이 감옥살이도 놀러 오는 단골들이 있어 지루하지만은 않았어요. 이제는 나처럼 할머니가 된 손님이자 친구들이 있죠. 간간이 읽을 책 한두 권씩 사기 위해 오기도 하고 그냥 지나다 들르기도 해요. 그 단골들과 도란도란 이야기 나누는 게 가장 큰 즐거움 중 하나지요.

사십 년 넘게 여기 앉아 세월을 보냈지만 세상이 변하는 건 체감합니다. 요즘은 애들 책이 안 나가요. 벌써 몇 달째 아동도서가 안 팔리고 있습니다. 작년까지만 해도 광주고 졸업생들이 애엄마 애아빠가 돼서 애들 책을 사러 오기도 했는데 말이죠. 워낙 애들이 귀한 세상이 되기도 했고 귀하게 키우려는 세상이기도 하고. 제 자식들한테는 새것만 해주고 싶겠죠. 그래서 요즘은 처분할 책들에 아동도서가 유독 많아요.

아동도서가 안 팔리는 데는 애들이 책을 잘 안 읽는 이유도 있을 겁니다. 어디 애만 그런가요. 나만 해도 그래요. 이젠 눈이 침침해서 글이 잘 안 들어오는 것도 있지만 책 대신 볼 게 많아서 더 책을 안 보는 것 같아요. 솔직히 재밌는 드라마가 얼마나 많아요.

우리 손주도 전에는 책방 오면 맨 먼저 아동도서 쪽으로 가서 새로 들어온 책들에 푹 빠지곤 했는데 이제는 핸드폰만 들여다봅니다.

우리 유림서점만 이런 게 아닐 거예요. 이제 이 거리에 남은 헌책방이라면 어디 보자, 네 곳, 다섯 곳 정도나 되려나. 물론 이 헌책방 거리에도 사람들이 많이 오가던 시절이 있었습니다.

PRIME
국어사전
French

작년에 애들 책 사러 온 광주고 출신 애엄마가 학생일 때만 해도 꽤 괜찮았죠. 헌책방 장사를 하는 우리를 부러워하는 이들도 있었을 겁니다. 돈을 쓸어 담는다고 말하는 치들도 있었죠. 그러나 생각처럼 큰돈을 벌지는 못했어요. 책이 많지 않았으니까요.

지금이야 책 둘 곳이 없어 수시로 갖다 버려야 할 지경이지만 그때는 팔 책 자체가 귀했어요. 헌책 구하기가 쉽지 않았죠. 그러니 팔 책이 부족해 큰돈을 벌진 못했어요. 그 당시에 지금처럼 책들을 쌓아두고 팔았으면 돈 좀 벌었겠죠.

오십 년간 이 고생을 해서 생긴 게 디스크라 생각하면 조금 억울하기도 합니다만 그래도 이 책방 장사로 자식들을 다 길러냈죠.

6년 전엔가 셋째 딸인 수진이와 사위가 옆에서 장사를 시작했습니요. 원래 책방의 책창고가 있던 자리예요. 사위가 계림동 헌책방 거리를 살릴 방법을 고민하다 북카페를 차리면 좋겠다고 아이디어를 냈나 봐요.

가게 이름을 '커피유림'이라고 지었어요. 책들로 둘러싸인 곳에 커피 냄새가 나니까 그럴싸해요. 원래는 헌책들로 가득 쌓여 있던 터라 책무덤 같기도 했던 곳인데 딸 내외가 들어오면서 생기가 생겼어요.

요새는 여기 거리를 돌아다니는 사람 자체가 많지 않아요. 그러다 보니 무슨 장사를 하든 쉽진 않죠. 그래서 어떻게든 사람들을 모아보려고 그러는지 북카페에서 이런저런 행사들을 자꾸 하더라고요. 작년에도 딸이랑 몇몇 사람들이 합심해서 헌책방거리 살리기 프로젝튼가를 한다고 부산을 떨었죠.

젊은 사람들이 움직이니 좀 나아질까도 싶지만 큰 기대는 안 해요. 이전에도 마을 살리기 사업처럼 비슷한 사업들이 있었지만 그때만 반짝할 뿐 별 효과는 없었으니까요. 한 번씩 딸이 하는 카페를 보면 다행히 손님이 없지는 않은 것 같은데 식구가 먹고살 만큼이 될지 걱정은 되죠.

저기 높은 곳에 있는 책들은 내가 어떻게 할 수가 없어요. 저 오래된 사다리도 있지만 난 허리가 아파 오를 수가 없어요. 바깥양반이 있어야 되죠.

헌책방 일이라는 게 손님은 없어도 일은 끊이질 않아요. 헌책들은 새 책보다 신경을 써서 관리해야 하니까요. 지금 풀칠하는 이 책이 팔릴지 안 팔릴지는 몰라요. 솔직히 안 팔릴 거예요. 기껏 이렇게 관리를 해둬도 고물상으로 가는 경우가 많아요. 어쩔 수 없는 일이죠. 사람도 나이를 먹으면 결국 요양원밖에 갈 곳이 없듯이 책들도 마찬가지예요.

대부분의 사람은 새것들을 좋아하는데 어떤 이들은 헌것들이나 사라지기 직전의 것들에 관심을 갖기도 하는 것 같아요. 이곳의 헌책방들이 많이 사라지고 몇 곳 안 남자 취재를 오는 사람들이 많아요. 얼마 전에는 대학생들도 찾아왔죠. 저 앞에 문학서점에서는 독립영환가 뭔가 촬영도 했다더라고요.

작년에는 헌책방 르네상스라는 프로그램도 진행했었어요. 그러니까 어떤 사람들은 이 거리를 살리고 싶은가 봅니다. 나야 이제 나이가 많아 뭘 새롭게 하기는 어렵지만 내 딸도 그렇고, 문학서점 사장도 그렇고 젊은 사람들은 계속 뭔가를 해보고 싶은가 봐요. 다른 곳으로 가서 하면 더 수월할 텐데 굳이 여기서 말이에요.

달려라 토끼야
그것은 꿈이었을까
지혜는 가르칠 수 없다
Coffee House
강남엄마
최수철
윤후명 하얀 배
윤대녕 천지간
김지원 사랑의 예감
은희경 아내의 상자
박상우 내 마음의 옥탑방
최신 버섯재배기술과
양계새기술
이재하의 포도요법
自然食健康法
新稿 遺傳學
수박재배
최윤 하나코는 없다
권지예 뱀장어 스튜

TV를 보다 보면 복고니 뭐니 해서 오래된 것들이 다시 유행하기도 하던데 어쩌면 여기도 그런 날이 올까요. 그래도 한 가지 자신할 수 있는 건 책방이 사람들에게 안 좋은 영향을 미치진 않은 것 같아요. 여기 광주고 학생들이나 대학생들도 우리 책방에서 샀던 책으로 공부해서 진학도 하고 취업도 하고 그러다 시집장가도 가고 그랬으니까요. 보람이라고 하긴 좀 그렇지만 아무튼 간간이 그런 기분 좋은 소식도 듣고는 했어요.

헌책 새 책 떠나서 책보는 사람들이 많아지면 좋겠습니다. 새 책을 보는 사람들이 많아져야 헌책을 찾는 사람도 늘어나거든요. 그러다 보면 이곳을 찾는 사람도 늘지 않을까요?

옛날 옛적 ‘청글’에서

K는 악몽을 자주 꾼다. 강박과 불안에 조울을 모계 유전한 그가 꾸는 꿈은 거의가 다 악몽이다. 그가 자주 꾸는 악몽 중엔 이런 것도 있다. '싱크대용 인공 판자로 만든 카운터가 있는데(청글에 그런 게 있었다). K는 거기 앉아 있다. 낯선 사람들이 통유리 너머로 자주 지나다닌다. 그런데 자신은 하체가 알몸이다. 그들이 알아보지 못하리라 요행을 바라지만 상황은 그렇게 흘러가지 않는다' '바닥에 물이 고였다(실제로 장마라도 지면 청글엔 물이 고였다. 쓰레받기로 그걸 퍼내던 일이 한두 번이 아니었다). 청글이다.'

옛날 옛적 '청글'에서

김형중

응시

사람들이 흔히 과하게 대접하곤 하는 (그러나 실제로는 벌이의 규모도 생활의 질도, 그리고 품성 면에서는 더더욱 대단할 것이라곤 없는) '교수'로 산 지 벌써 15년째 되어가는 K다. 쉰이 넘었으니 그 연배에 걸맞은 여러 이유로 사교의 폭을 넓혀가는 것이 그 또래 중년들의 특징이라지만, 그는 '일'의 영역에 속하지 않는 모임에는 거의 나가지 않는다. 일복이 많아 (사실은 다 자초한 일들이다) 바쁘기도 한데, 얼마간 여유가 생겨도 혼자 마시고 혼자 논다. 종종 신문이나 방송에 이름이 나기도 하고, 제법 알려진 문학상도 받고, 무슨무슨 학술대회네 심포지엄이네 하는 곳에 직함이 오르내리기도 하는 걸 보면, 그도 뭔가 제법 진지하게 관심을 기울이는 일이 있는 듯도 싶은데(그래 봐야 '문학'과 '광주' 인근 어디이겠지만), 유명인사가 될 생각은 전혀 없는 모양이다. 대체로 유명세란, 만나고 다니는 사람들의 숫자에 비례하기 마련이니까 말이다.

K의 경우, 특히나 오랜 '친구들'(아직도 그들이 그를 친구로 생각하는지는 모르겠다)과의 모임을 꺼리는 편이다. 향수를 동반한 감상에 떠밀려 충동적으로 두어 번 나갔다가 영영 발길을 끊은 지 오래다. 은둔하는 학자연해서는 아니고, 그가 내심 듣고 싶지 않은 어떤 질문을 듣게 될까 봐서다. 가령 이런 질문, "너 공부 그렇게 잘하는 편 아니었잖아?", "너 공부에 별 취미 없었잖아!" 아직 받아보지 않은, 그러나 혹시 받게 될지도 모를 이런 질문을 앞에 두고 K는 종종 생각한다. "그랬지, 하지만 안 그렇기도 했지."

지방 국립대 영문과를 다녔으니 K를 두고 공부를 '아주' 잘했다고 말하기는 힘들겠다. 게다가 그의 대학 시절 성적표가 그리 출중한 편도 아니었다. 하물며 그는 강의실보다는 캠퍼스 잔디밭이나 시위대 행렬, 혹은 대학가 막걸릿집에서 더 자주 눈에 띄었다. 그랬으니, 그를 좀 아는 옛 친구들이라면 저렇게 물을 만하다. 그러니까 K는 '그를 좀 아는 옛 친구들'의 (좀 유식한 말로) '응시' 앞에서 스스로 주눅 들곤 하는 셈이다.

그러나 그를 '좀' 안다는 (그 누구도 타인을 '전부' 알 수는 없다) 친구들이 그에 대해 모르고 있는 진실들 중에는, 실제로 그가 '어떤' ('모든'은 아니고) 공부의 경우, '열심히' 그리고 심지어 '재밌게' 했다는 사실이 포함된다. 영문학과에 다녔으나 (그의 꿈은 초등학교 4학년 때부터 글쟁이였다) 영어 공부에 관심이 없었고, 학생이었으나 학점에 관심이 없었지만, 아무튼 그는 많은 책들을 즐겨 읽었는데, 낮 내내 가투에서 돌을 던지고 온 피곤한 밤에도 꾸벅꾸벅 루카치를 읽었고, 거나하게 취해 들어온 새벽에도 버릇처럼 시집을 펼쳐 놓고 감히 이성복의 문장 위에 침을 흘리다 아침을 맞곤 했다(친구들은 틀림없이 보지 못했을 이런 장면들을, 비좁은 방에서 그와 동거했던 동생이 증언하고 있으니 믿을 만하다).

그가 대학원에 진학해서 한국문학을 제대로 공부해보겠다고(그러나 그 꿈은 실현되지 않는다. 그는 대학원에 진학했지만, 거기서 별 가르침 없이 독학했기 때문이다) 결심하기 전까지, 그는 두 번의 강렬한 독서 체험을 했다. 그 첫 번째는 초등학교 4학년 시절, 외갓집 사촌 형들의 손에서 버려져 그에게 어렵게 당도한 삼성판『어린이 세계 명작 전집』이었고, 두 번째는 1986년 여름 대학교 1학년 시절 이른바 '창비아저씨' 손에서 넘겨받은『제3세대 한국문학 전집』이었다. 그러나 그 이야기들은 여기서 길게 하지 않을 참인데, 다른 글에서 이미 길게 쓴 적이 있어서다. 하여튼 그가 많은 책을 읽은 사람이라는 사실만 확인하고, 다만 오늘은 발터 벤야민 흉내를 좀 내면서(「나의 서재 공개」) 그가 지금 앉아 있는 작업실에 꽂힌 책들 구경이나 좀 해볼 요량이다.

K의 서재 공개

어림잡아 5,000권쯤 되는(실은 이 숫자마저 정확한지는 알 수 없다) K

문학과 과학 I
문학과 과학 II
이청준과 라깡

©김형중

의 책들 중 일부는 집에 있다. 응접실에 많이 있고, 아들 방에 제법 있고, 딸 방에 조금 있다. 철학·예술·사회과학·문학 관련 책들인데 주로 오래전 읽었거나 당분간 글을 쓸 때 요긴할 것 같지 않은 책들이다. 몇 군데 출판사에서 보내오는 외국 문학 전집들도 주로 집에 있다. 그러나 어떤 책들이 꽂혀 있는지 이제 K는 온전히 기억하지 못한다.

나머지 일부, 오래된 문예지와 소설들은 주로 연구원과 대학원 세미나실에 있다. 둘 데가 없어 기증 겸 옮겨 보관한 책들인데, 역시나 어떤 책들이 꽂혀 있는지 온전하게는 기억하지 못한다(사람들의 손을 탔으니 틀림없이 이가 많이 빠졌을 줄을 알기에, K는 그 책들을 유심히 둘러보는 일을 두려워한다).

K의 책이 가장 많이 보관되어 있는 곳은 당연히 그의 연구실이다. 그 방문을 밀고 들어오는 자, 우선은 K의 얼굴을 볼 수 없다. 사방 중 삼방의 벽을 가득 채운 책장에 책들이 이중으로 꽂혀 있고, 중앙의 워크테이블에도 책이 사람 키보다 높게 쌓여 있어서다. 그 방에서는 걷는 것도 조심해야 하는데 책사태로 인한 신체적 위험 때문이다. K 스스로는 분류했고, 또 분류되어 있다고 생각하는 듯하나, 사실 타인이 보기에 그 방의 책들은 이제 주인 손을 떠났다. 말하자면 통제 불능 상태다. 그래서 최근 K는 산수동의 한 허름한 투룸에 월세로 작업실을 마련했고, 책들의 상당수를 그리로 조금씩 옮기고 있는 중이다. 그나마 아직 분류되어 있고(얼마나 갈지는 알 수 없다), K가 꽂혀 있는 각각의 책들 위치를 파악하고 있어서, 구경 가능한 곳은 거기뿐이다. 지금 K는 거기 앉아 있다.

순서대로, (꽂혀 있는 순서가 아니라 K의 마음속에 분류된 순서다) 프로이트 전집과 마르크스·엥겔스 선집이 가장 눈에 띄는 중앙쯤에 꽂혀 있다. (스스로도 알고 있겠지만) K는 죽을 때까지 저 두 이름들 틈을 빠져나오지 못하게 될 것이다. 정확히 1988년 가을 어느 날 이후로 그는 (심정적으로만 아니라 이론적으로) 마르크스주의자였고, 이후 동구 사회주의권이 무너진 뒤에도 여러 마르크스주의들 사이를 헤매고 다녔다. 정확히 1995년 프로이트의 『꿈의 해석』을 읽고 잠들었다가 전형적으로 프로이트적인(성적인!) 꿈을 꾼 뒤로 그는 줄곧 프로이디안이었고, 이후로는 라캉과 지젝의 열렬한 독자로 살았다.

프로이트와 마르크스, 그 둘의 좌우와 상하로 라캉, 알튀세르, 데리다, 랑시에르, 아감벤, 바디우, 지젝 등의 책들이 보인다. 제임슨과 모레티의 책들, 루카치와 아도르노의 책들, 아날 학파의 책들, 그리고 즐비한 푸코의 책들(그는 얼마 전까지 푸코 읽는 재미로 살았다)…… 누군가는 동의하고 또 누군가는 동의하지 않을 수도 있겠지만 저 빛나는 이름들은 모두 프로이트와 마르크스 사이(아차, 소쉬르도!)에서 뻗어나온 성좌들이다.

K에게는 이루 말할 수 없는 기쁨이자 골칫거리였던 그 이론서들이 꽂힌 책장 건너편에 한국문학 작품들(주로 전집들)이 꽂혀 있는 책장이 있다. 김승옥, 최인훈, 이청준, 신상웅, 윤흥길, 기형도, 김춘수, 최하림, 정현종, 이상, 임화…… (특이하게는) 염재만과 정을병도 보인다(급한 논문 한 편을 쓴 뒤로는 K에 의해 버려질지도 모르는 책들이다). 워낙에 현학 취미가 강한 K이고 보면 저 책들이야말로 그가 문학 전공자란 사실의 유일한 증거

BLACK CAT
THE POSTSTRUCTUR
REVOLUTION
turns into both/and. After her ingenio
which I cannot begin to do justi
that in Billy Budd we have a 'differe
reading practice is
for juxtapositions,
the New Criticism,
However, while the New Critic
coherence of what they considered
(coherence being one of their touch-
criticism seeks to expose the centring
of which a false coherence is brough
on to de-centre the centres that it finds and
whole text that it has under scrutiny.
the text is far more complex than it initiall
by Franz Kafka (1883–1924) empha
In Kafka's story a man arrives
access to the Law. He is not allowed to
doorkeeper that he may perhaps enter
use force because there are many mo
doorkeepers that are even more pow
waits all his life and finally, just be
keeper why he is the only one
Answering that this particular doo
doorkeeper shuts the door on the
tory as exemplifying différance:
After the first guardian th
perhaps without limit, and
therefore prohibitive, endow
Their potency is
it lasts for days
Différance till death, and for de
ended, finite. As the doorkeeper
of the law does not say 'no' but 'no
(1980:
similar way, the discourse of any
?
Shit

©김형중

같기도 하다.

기다랗게 마주 보고 있는 (노려보고 있는 이론과 작품들?) 이 두 책장들의 외진 곳, 그래서 아웃포커싱이라도 된 듯 눈에 잘 띄지 않지만, 한편으로는 마치 이론과 작품을 포위하고 있는 듯도 한 위치 곳곳에, 지상의 가장 고리타분한 책들이 꽂혀 있다. 플라톤의 대화편들, 니체 전집들(중 일부), 아리스토텔레스의 시학과 윤리학, 쇼펜하우어, 키에르케고르, 헤겔, 루소, 사르트르, 스피노자, 블랑쇼, 낭시, 프루스트……. 물론 속지 말아야 할 것은 그가 이 고리타분한 책들마저 다 읽지는 않았다는 사실이다(그는 저 책들을 모두 읽었다고 말하지 않겠지만, 굳이 읽지 않았다고도 말하지 않는다). 다만 저 책들의 위치가 만들어내는 묘한 구조를 통해 그가 세계를 어떻게 파악하고 있는지 짐작해 보는 것만으로 족할 듯하다. 문학과 마르크스와 프로이트와 그 주변의 방계 이론가들과, 좀 더 먼 데서 그것들 모두에게 양분을 주는 고전들, 그는 그렇게 이루어진 방사형의 세계를 가장 편안해한다.

물론 방사형으로 분류하는 짓만이 K가 책을 사랑하는 유일한 방식은 아니다. 그는 물리적으로도 (그러니까 몸으로도) 책을 사랑하는데, 오래된 책에서 나는 고리고리한 냄새와 담배 연기에 바래가는 표지의 상태와 책장을 넘길 때 종이의 고슬고슬한 촉감과 무심코 꺼내 본 책갈피의 낙서와, 삐뚤삐뚤 그어진 밑줄 같은 것들을 그는 아주 좋아한다. 그래서 그는 종종 책에 대해 좀 심하다 싶은(페티시즘적인) 애정 표현을 하기도 하는데, 가령 이런 식이다. 처음 읽으면서는 중요한 곳에 밑줄을 긋고 특히 중요한 구절엔 메모를 하고, 행여 그쪽을 못 찾을까 봐 포스트잇을 붙인다. 두 번째 읽게 되면 중요한 곳에 형광펜으로 밑줄을 한 번 더 긋고 포스트잇이 붙어 있어야 하지만 붙어 있지 않은 곳에 다시 포스트잇을 덧붙인다. 혹시라도 세 번째 읽게 되면(그런 책도 많다), 그는 수백 개의 포스트잇을 일단 다 떼어 낸 후 제삼자의 관점에서 책을 다시 읽으며 포스트잇을 다시 붙여간다. 그 사이 이 참혹한 지경을 당한 책은 책으로서의 물질성을 다하고 알록달록한 일종의 행위예술 작품처럼 변해간다(오랜 독서의 때가 묻은 그 오브제가 예술 작품이 아니라면 무엇이란 말인가!).

그러나 그에게 책의 입장에서 생각하는 법을 좀 배워야 한다고 조언하는 것은 별 의미가 없어 보인다. 그는 정말이지 책을 사랑하는 사람, 그가 꾸는 노후의 (실은 사정만 허락한다면 지금 당장이라도) 유일한 꿈은 저렇게 많은, 그리고 앞으로도 더 많아질, 그러나 채 다 밑줄 긋지 못하고, 포스트잇도 붙이지 못한 책들을 아무런 다른 일 없이 그저 읽기만 하며(정확히는 책에 대해 행위예술에 준하는 가혹행위를 계속하며) 조용히 늙다 죽는 것이기 때문이다. 그런 의미에서라면 그는 반파우스트적 인간이기도 한데, 파우스트가 행위를 위해 책을 포기했다면 그는 반대로 책을 위해 기꺼이 행위를 포기할 생각이 있다는 점에서 그렇다.

책들의 연대기

그런데 K의 저 많은 책들은 다 어디서 왔을까? 사연이 많으니 저 책들의 배치를 달리해 볼 필요가 있겠다. K의 마음에 따른 배열이 아니라 이번엔 출간 연도 순이다. '창비아저씨'에게 월부로 산 책들(『창작과비평』 영인본, 삼성판 『제3세대 한국문학 전집』, 삼성판 『세계문학전집』, 『역사비평』 영인본 등)을 제외하면 K가 책을 미친 듯이 사들였던 것은 1988~1989년 사이(이 시기에 그는 사회구성체 논쟁을 공부했고, 이른바 학생운동권내 'NL' 그룹에서 'PD' 그룹으로 사상적 전향을 '감행'했다. 전향, 감행 운운하는 말의 과장된 어법이 참 우습지만, 종종 그는 정색을 하고 그 일을 전혀 후회하지 않는다고 말한다. 왜냐하면 PD가 책을 더 많이 읽었기 때문이란다), 그리고 한 삼 년 뜸하다가 1992년부터 현재까지로 줄곧 이어진다(그는 지금도 '알라딘' 최우수회원이다). 책 사들이기가 뜸했던 3년은 물론 그의 군복무 기간과 겹친다.

구입처를 살펴보면 그가 대학에 입학하던 1986년부터, 군에 입대하던 1989년(11월 8일! 어찌 그가 이 날을 잊을까)까지의 책들은 대개 황지서림(청년글방보다 먼저 사라졌다), 삼복서점(우다방 앞의 이 정든 서점도 이제는 없다), 청년글방 등 구입처가 제각각이다. 그런데 나머지 기간들에 모은 책들은 2006년 즈음을 기점으로 양분된다. 청년글방에서 산(혹은 '가져온', 이 말은 해명할 필요가 있다) 책들과 그곳에서 사지 않은 책들……. 특별한 예외(가령 청년글방에서 구할 수 없는 책 같은)가 없는 한 그는 1992년부터 2006년까지 거의 모든 책을 청년글방에서 구했던 듯하다. 말하자면 그는 제대하던 1992년부터 자신이 교수직에 임용되고 청년글방도 서점으로서의 기능을 잃어가던 해인 2006년까지 거의 모든 책들을 그곳에서 구했다. 더

러는 '샀고' 더러는 '가져왔다'. 가져왔다고? 그랬다. 왜냐하면 1999년까지 그는 거기서 자신이 원하는 거의 대부분의 책들을 살 수 있었고(그 책방에 책이 그렇게 많아서가 아니라 K가 원하는 종류의 책들이 워낙에 일관되었기 때문이다), 그 후로 2006년까지는 자신이 바로 그 서점의 (자기가 원하는 책만 가져다 놓는) 주인이었기 때문이다.

많은 사연들을 다 빼고 간단히 요약하면 이렇다. 그가 NL(민족해방) 그룹에 속했을 때 그는 아무 데서나 책을 샀다. 정확히는 전남대 후문 앞에 있는 황지서림에서 주로 샀는데, 거기가 바로 사회과학 전문서점이었기 때문이다. 그가 후에 PD(민중민주) 그룹에 속했을 때 그는 오로지 청년글방에서만 책을 샀다. 거기가 바로 PD 그룹에 속한 학생들의 아지트이자 학원이었기 때문이다. 그리고 1999년 즈음부터 K는 아예 청년글방 사장, 아니 '전문경영인'(풋!)이 된다. 그래서 급여 대신 책을 '가져온다'(가져올 돈은 서점에 없었다).

청글에서

그랬다. 옛날 옛적 (코로나 바이러스가 없어도 마스크를 즐겨 쓰던) 청년들이 아직 혁명을 믿던 시절에 (K는 이제 자신의 젊은 시절을 학생들에게 이렇게 말한다), 전남대 후문 바로 건너 황지서림이 있었다. 조금 멀리 조선대 근처에 통일서각이 있었고, 백민서림도 있었다. 더 멀리 연세대 앞에는 오늘의 책이 있었고, 서울대 앞에는 그날이 오면이 있었다. 실은 웬만한 대학가마다 그런 서점이 있었다. 다들 사회과학 전문서점들이었다. 종종 압수수색을 당하는 유인물들이 진열되기도 했고, 『철학에세이』와『변증법적 유물론』 같은 운동권 학습용 서적들을 주로 팔았고, 풀빛 판화 시선과 창비 시선, 문지 시인선도 오롯이 책장 하나를 가득 메우고 있었던, 그리고 드르륵(혹은 삐그덕) 문을 열고 들어가면 민중가요가 흘러나오곤 하던 작고 아담한 그러나 위험하고 전투적인 그런 서점들이 있었다. 그중 K는 청년글방의 단골이었다.

1988년 말인지 1989년 초인지 이제 기억나지 않는 어느 날, 서울에서 대학 다니다 옥살이를 하고 나온 CS라는 사내가(K는 그에게 청년글방의 정확한 개업일을 묻는 전화를 걸까 생각하다 이내 그만두었다. 그 서점을 운영해본 것은 그와 K 둘뿐. 돌이켜 생각하고 싶지 않은 일들도 있는 법이다) 커다랗고 무거운 나무판에 한글로 '청년글방'이라 새긴 간판(이후 20년 정도, 장소를 옮겨가며 걸려 있었던 그 간판은 지금 한 세대 전 녹두서점을 열었던 SY 선생이 보관하고 있다 들었다. 합당한 경로라고 K는 생각한다)을 전남대 정문 앞 조그마한 1층 상가에 걸었다.

그런데 진열된 책들의 계열이 달랐다. 가령 황지서림이 특정 정파와 무관한 사회과학 서점이었다면(대립쌍을 좋아하는 사람들은 '청글/황지'의 이분법을 만들기도 했지만), 청년글방은 명백히 좌파 성향이 강했다. 그러니까 PD나 ND(민족민주) 계열의 학생운동가들이 볼만한 자료며 책, 들을만한 노래 테이프 같은 것들……. 아마도 당시 한국 지식장의 첨예한 이슈였

진미복사
칼라흑백복사
513-6282
7676
PC

던 이른바 '사회구성체 논쟁'이 사회과학 전문서점의 성격에도 영향을 미쳤으리라고 K는 생각한다.

그 논쟁의 요체는 당시 한국사회가 식민지 반봉건 사회인지, 식민지 반자본주의 사회인지, 신식민지 국가독점자본주의 사회인지(이 구성체는 특성인지 단계인지), 아제국주의 사회인지 등등……이었다. 지금의 독자들은 그 과도한 진지함과 허황된 포부를 두고 다들 웃겠지만 그때 학생운동권에 속한 K 같은 이들에게 이 논쟁은 무척 중요했다. 한국사회의 정체가 '과학적으로' 밝혀져야 그것의 변혁 방향과 운동 노선도 정해질 것이기 때문이었다(반미가 먼저인지 반독점이 먼저인지 등등). 종파분자라거나 극좌 모험주의자라거나 봉건적 민족주의자란 말들이 난무했고, 캠퍼스는 목하 논쟁터였다. 그럴 때, 사회과학 서점들은 학생운동가들의 사랑방이자, 학원이자, 아지트이자, 때로는 술집이었다.

아직도 K는 잊지 못한다. 참새가 방앗간 드나들 듯 하루가 멀다고 찾아가 신간을 훑고, 책을 사고, 말수 없는 CS가 정성스레 책가위(책을 담는 용기가 아니라 책 표지에 입히는 일종의 옷이다)를 입혀준 책의 첫 페이지를 넘기던 순간의 느낌 같은 것 말이다. 청글(언젠가부터 다들 이렇게 줄여 불렀다)에서 산 최신호 『현실과 과학』(PD들의 정론지)을 읽고, 역시 거기서 샀음에 틀림없는 월간지 『노동해방문학』(ND들의 정론지) 최신호를 읽었을 CH 형을 기다리던 날의 인문대 벤치의 열기 같은 것 말이다. 물론 열기는 이제 막 시작될 논쟁의 예감에서 비롯된 것이었고…….

일찍 셔터를 내린 밤 청글에서의 술자리도 기억한다. 느닷없이 죽어버린 김광석을 기리던 작은 음악회도 기억한다. 천지인의 「청계천 8가」는 아직도 부를 수 있고, 그리고 그 시절 샀던 많은 책들이 지금도 저렇게 K의 책장에 꽂혀 있고……. 다, 아직 K가 청년글방의 사장이 되기 이전의 일들이다.

우리가 부르던 노래

노래는 몸에 새겨지는 법이므로, K는 종종 자기도 모르게 이런 노래를 흥얼거리고 있는 자신을 발견하곤 한다. "내 작은 이 한 몸 역사에 바쳐, 싸우리라 사랑하리." "살아 춤추는('숨쉬는' 이던가?) 조국 노동자 해방 위해. 가자 노동조합의 깃발을 힘차게 휘날리자." "청산이 소리쳐 부르거든 나 이미 떠났다고, 기나긴 죽음의 시절 꿈도 없이 누웠다가 떠났다고 대답하라."(입대 이틀 전 술판에서 K는 이 노래를 불렀고, 여성 동지들이 많이들 울었다) 그리곤 염세주의자 특유의 피식거리는 웃음을 웃는다. 대체 우리가 부르던 노래들은 얼마나 겁 없이 거대했던지……피식.

그러나 생각해 보면 K가 입대하던 1989년부터 이미 "내 작은 이 한 몸" 바치려던 역사는 다른 데로 흘러가고 있었는지도 모른다. 동독이 서독에 흡수 통합되었고, K가 군에 있는 동안 소련이 해체되었다(K는 군대에서 레닌 동상에 오랏줄이 걸리는 걸 봤다. 울지는 못했지만 밤새 쓸쓸했다고 한다. 그러다가 오랜 시간 뒤 김연수의 어떤 소설에서 똑같은 장면을 발견하고 나서야 울었다고 한다). 그랬으니 1990년대 초반의 이른바 '분신정국'은 거대한 정치적 애도였는지도 모른다(고 K는 어딘가 글에 쓴 적이 있다). 사회과학의 시대는 그렇게 사라져가고 있었던 거다.

애도가 끝나면 망각이 오고, 애도가 끝나지 않더라도 우울이 온다. 청년글방은 그렇게 긴 불황기에 접어든다. 아니 전국의 모든 사회과학 서점들이 다 그랬다. 말수 없는 CS가 자주 폐업 이야기를 한 것은 1990년대 중반 즈음(사회과학 붐 대신 대중문화 붐이 한창이던 시절)이었고, 뭐랄까 1980년대의 마지막 열기 같은 것이 침울한 형태로 전수되던 시절이었다고나 할까? 청글에 자주 드나들던 사람들 사이에서 폐업을 막아보려는 움직임이 생겨났다. 그것을 K가 '침울한 열기'라고 말하는 것은 비교적 정확한 표현인데, 그도 그럴 것이 그는 근본적으로는 염세주의자여서 막을 수 없는 것을 막으려 한다는 사실에 대한 숙고가 없지 않았기 때문이다. 그러나 그는 동참했고, 때론 앞장까지 섰다. 침울한 열기로(말하지 않았더가? 그는 종종 충동적으로 그른 선택을 한다고).

청글 살리기는 처음에는 조합운동의 형태로 시작되었다. 그리고 문화공동체(바야흐로 문화의 시대였으니까) 운동으로, 그리고 조합에서 월급을 주는(실은 주지 못하는) 전문경영인 체제로……. 어딘가 과장되게 들떠 있어서 아나키적이기도 했고, 한편으로는 지난 시절을 붙들고 놓아주지 못하는 이들의 강박 같기도 했고, 이상한 가역반응 덕에 가까스로 가리고 있는 우울증 같기도 했던 그 세부 과정을 설명하는 것은 당시 그 일에 힘썼던 수백명 모두에게 여러 가지 방식으로(안타까움, 그리움, 회억) 심기를 불편하게 할 듯하니 여기 길게 쓰지는 못할 듯하다. 다만 그 와중에 CS는 고향 장흥으로 귀농하고 싶어했고, K는 대학원을 수료하고 조교 임기도 끝나가던 시점이었단 점만 언급한다. 누가 봐도 교체 타임이었다. 말하자면 청년글방의 두 번째 경영인은 이른바 '우연의 필연화' 과정에서 탄생했던 셈이다.

그리하여 이제 시간강사(그때는 비정규 교수를 이렇게 불렀는데 서점에서는 수입이 없었으므로 그는 많은 강의를 해야 했다)가 된 K가 전남대 정문에서 더 가까운, 하지만 더 외지고 깊은 골목에 위치한 허름한 카페를 수선한 "자유로운 개인들이 만드는 아름다운 문화공동체 청년글방"(이 이름은 의미론적으로도 이데올로기적으로도 여전히 훌륭하다)의 경영인이 된 것은 1999년 말의 일이다. 서점 일을 배우고 인수인계를 하던 기간을 제외하면 2000년 초의 일이다. 그리고 2006년까지 그는 강의 시간을 제외하고는 거의 매일 그 서점에서 낮을 보내게 된다.

얻은 것들

일곱 해 남짓, 거기서 K는 이루 말할 수 없이 많은 추억들을 얻었다. 통유리 바깥으로 난분분 난분분 벚꽃 잎이 날아다니던 2000년의 늦은 봄날, 문학평론가 등단 소식을 서점의 유선전화로 전해 들었다(번호는 525-0502였다). 그때 그는 잠시 숨을 고르고 골목 초입의 편의점으로 달려가 600밀리들이 맥주 세 병을 사다가 천천히 마셨다. 책들은 너의 존재 증명 욕구를 다 이해한다는 듯이 말이 없었고(글쓰기 말고 당시 K는 자신의 존재를 입증할 만한 재주가 없었다), 세 병의 맥주를 다 마시도록 그는 아무에게도 전화하지 않았다. 그 시간은 온전히 책방이 준 선물이었다고 그는 생각한다.

거기서 K는 수많은 세미나들을 열었다. 신화 세미나, 죽음 세미나, 프로이트 세미나, 아도르노 세미나, 미술사 세미나, 영화 세미나, 생태주의 세미나, 작품 읽기 세미나, 문예지 읽기 세미나……. 아마도 이후로도 그가 글을 쓰고 소소하나마 문명 같은 것을 얻었다면 그 세미나들 덕이었다는 걸 그는 잘 알고 있다. 다만 그가 후회하는 건 그 세미나들에 참여했던 많은 사람들(기백은 넘으리라)의 이름을 다 기억해두지 못했다는 점이다. 그리고 굳이 세미나 커리큘럼을 '한길 그레이트 북스' 시리즈 같은 비싸고 두꺼운 책들 위주로 짰던 자신의 속내에 대해 그들에게 말하지 못했다는 점도(실은 그들도 다 알고 있었겠지).

어떻게든 망해 가는 서점을 살려보겠다고 열었던 '천 원짜리 영화제'도 있었다. 천 원씩 내고 밤새 영화를 보는 영화제로 무너져가는 서점의 경영상태를 회복할 리는 없었지만, 즐거웠다. DY 덕에 미리 보거나 유일하게 보거나 숨어서 본 영화들이 많았다. 어느 날엔가는 9시간짜리 〈쇼아〉를 밤새 내리 보기도 했다. 고마운 이는 DY만이 아니었다. 경영인의 급여가 책이었으니 아르바이트생들의 급여도 책이었다. 월급(주어야 하는)날 장부를 보면 들고 간 책들의 제목이 수줍게 쓰여 있곤 했다. 그런데도 그 허름한 책방을 공부방 삼아 들락거리던 그 친구들, 이제는 같이 늙어갈 것임에 틀림없는 그들의 얼굴이 K의 기억 속에서는 아직도 다 청년이다. 누구는 교수가 되었고, 누구는 연구자가 되었고, 누구는 작가가 되었고, 누구는 프랑스에 유학 중이고, 누구는 또 먼저 가고, 누구는 소식을 모르고…… 그럴 때 K는 청년글방이 그래도 광주에서 뭔가 이룬 것이 있는 듯도 싶어 잠시 뿌듯해진다.

그렇지, 많았다. 추억이 아주 많았다. 어느 겨울밤 발갛게 타는 석유 난로 주위에 앉아 먹던 도시락, 통유리 너머로 그 모습을 본 한 노숙인의 느닷없는 울먹임, 아이가 태어나고 자라더니 아빠를 따라와 색칠공부(하긴 책방에서 뭘 할 수 있었을까?)를 하며 테이블에 혀를 빼물고 앉아 있던 모습, 심지어 가져갈 것 없는 가난한 책방에 몇 차례 다녀간 생계형 도둑도……. 그러나 K는 청년글방에서 얻기만 했을까?

잃은 것들

K는 악몽을 자주 꾼다. 강박과 불안에 조울을 모계 유전한 그가 꾸는 꿈은 거의가 다 악몽이다. 그가 자주 꾸는 악몽 중엔 이런 것도 있다. '싱크대용 인공 판자로 만든 카운터가 있는데(청글에 그런 게 있었다), K는 거기 앉아 있다. 낯선 사람들이 통유리 너머로 자주 지나다닌다. 그런데 자신은 하체가 알몸이다. 그들이 알아보지 못하리라 요행을 바라지만 상황은 그렇게 흘러가지 않는다.' '바닥에 물이 고였다(실제로 장마라도 지면 청글엔 물이 고였다. 쓰레받기로 그걸 퍼내던 일이 한두 번이 아니었다). 청글이다.

©김형중

당시 아르바이트하던 친구들이 도와주다가, 한숨을 쉬면서 이번 참에 다 수리해 버리자고 한다. 그러나 수리하겠다고 들추면 들출수록 온통 쓰레기와 먼지 투성이다. 어찌해 볼 도리가 없다.'

재료만 달리할 뿐, 꿈은 그를 자주 '불안한 청글'의 상황 속으로 소환한다. 혹자는 군대에 다시 가는 꿈을 꾼다고 하지만, K는 저렇게 청년글방을 다시 운영하는 꿈을 꾼다. 그럴 때면 그는 땀에 흥건히 젖어 깨어나곤 하는데, 저런 꿈에 사연이 없을 리 없다. 서점을 운영하던 내내 그는 매달 20일만 가까워지면(수금이 그즈음 시작된다) 항상 어디론가 도망가고 싶은 마음뿐이었으니까.

인문사회과학 출판사 영업 직원들 중에는 학생운동 출신이 많았고, 이런 서점에서 영업 이득을 기대한 것도 아니었을 테니(그들은 다 고마운 사람들이었지만, 도매상은 달랐다) 그리 두려워할 존재들이 아니었다. 그러나 K는 부끄럽고 불안했다. 그는 피하고 싶었던 거다. 하루 평균 네다섯 권이 매출의 전부인 서점, 아무리 세미나를 일주일에 대 여섯 차례씩 열어도(그는 그 세미나에 거의 다 참여했다), 천 원짜리 영화제를 매달 열어도, NGO로 등록해 시에서 받은 지원금으로 매년 허울좋은 '생태캠프'를 힘들여 치러도, 부친에게 돈을 빌려 도매상 채무를 줄여도, 말하자면 아무리 용을 써봐야 그 끝은 너무도 분명하다는 사실을 인정해야 하는 그런 상황으로부터 그는 스스로를 방어하고 싶었던 거다. 그것은 정말이지 이미 발가벗었고 입을 옷는 없는데, 사람들은 들이닥치는 그런 상황에 지불해야 하는 감정 비용과 다를 바 없었다.

그렇게 글방을 7년 운영하면서 그는 (누군가에게는 얼마 되지 않는 정도겠지만) 돈을 잃었고, 자존감을 잃었고, 편안한 잠을 잃었다. 그리고 그 와중에도 글방을 들락거리며 이런저런 방식으로 그를 도와주었던 많은 사람들에게 마음의 빚을 졌다. 지금도 K가 누군가의 일에 아무런 이의 없이 연루되기를 마다하지 않는다면, 그 사람은 K에게 마음의 빚을 준 사람이다.

아시아문화중심도시

중간에 잠깐 희망이 없었던 것은 아니다. 염세적인 K도 기대해 마지않았던 '아시아문화중심도시 조성사업'이 시작된 것은 2004년의 일. 청년글방에 '광주전남문화연대'란 시민단체가 나란히 간판을 걸고 동거를 시작한 것도 그 무렵이다. 월세 15만 원이 큰 돈이던 청글이고 보면, 조 단위가 거론되는 그 사업이 제대로 시행된다면 정말이지 '문화공동체' 청년글방에도 볕 들 날이 있겠지…… 라는 생각을 하지 않았다고 말한다면 K는 거짓말쟁이다. 그렇다고 그가 이제 좋은 건물(일 층은 서점, 이 층은 세미나 카페, 삼 층은 영화감상실을 갖춘!)에서 마음껏 문화공동체를 만들어 갈 수 있으리라 믿었다면 그 또한 거짓말이다.

문화연대 창립 선언문을 K가 썼던가? 하여튼 창립 초기 그는 문화연대를 대표해 어떤 발기문 같은 걸 썼는데, 그가 가장 많이 사용한 단어는 '향유자 중심 문화 민주주의'였다. 그가 바랐던 것은 거대한 아시아문화전당이

©김형중

아니라, 한달음에 달려가 책을 사고, 두 달음만 달려가면 시인을 만나고, 세 달음을 달려가면 조그만 동네 북카페에서 사람들이 작가와 담소를 나누는 그런 문화였다. 그 많은 돈을 그런 데 쓰기를 바랐다. 그러나 다들 알다시피 사정은 그렇게 되지 못했고, K는 이제 번아웃 되었다. 정말이지 글방만 닫을 수 있다면 뭐라도 하고 싶었다. 그렇게 문화연대가 청년글방의 마지막 주인이 되었고, 사무국장 JW 형(고맙고 미안한 형)이 이제 청년글방도 이끌어가야 할 판이었다. 그러나 K는 생각한다. 그 후로도 얼마 동안 청년글방은 존재했지만, 그때 서점으로서의 청년글방은 사라진 거라고.

K는 후배들과 작업실을 하나 얻어 읽고 쓰는 일만 하겠다 결심했다. 그것이 2006년 봄의 일이었고, 그 가을에 그는 운 좋게 취직했다. 그 사이 통일서각도 백민서림도 황지서림도 다 사라진 지 오랜 후의 일이었으니, 그것은 광주에 남아 있던 마지막 인문사회과학 전문서점의 최후였다.

에필로그 : 다시 희망

몇 년 전 소설 쓰는 JH 형이 K에게 연락을 취해 왔다(말리고 싶었지만 K가 말렸던가). 조선대 앞에 조그만 독립서점을 하나 열겠단다. 그보다 조금 전에는 잘 아는 HG 시인이 신촌(지금은 혜화동으로 이전)에 시 전문서점을 열었다고 알려온 적도 있었다. 두 서점이 생기던 시점 전후로 전국 곳곳에 들어서기 시작한 독립서점들이 지금은 일종의 문화 현상이 된 듯도 하다. 광주에만도 열댓 곳의 독립서점들이 생겼으니 말이다. 청년글방도 인디였으니 요즘 말로 하자면 독립서점이었겠다.

그런 세태 탓인지, K의 전력을 아는 어떤 지인들은 그에게 서점을 다시 하면 어떻겠냐고, 그때가 좋았다고 (반쯤은 진담으로 반쯤은 짓궂게, 혹은 철없이) 말한다. 격하게 부인하지만 K는 그중 몇 군데 서점을 기웃거린 적이 있다. 청년글방이 있던 자리에 가본 적도 있고(악몽의 요람이니 용기가 필요했고, 정작 다녀온 뒤로는 쓸쓸했다), 옮기기 전의 청년글방 자리를 가늠해 본 적도 있다(속옷 가게가 그 자리였나, 그 옆 청자다방 자리였나……). 정권도 바뀌었고(문재인 정부는 가장 많은 사회간접 자본 예산을 편성한 정부다), 시와 구에서도 문화의 거리네 책의 거리네 하는 지구를 만들겠다고 떠들썩하다. 한편으로는 독립서점 지원책을 내놓느라 바쁘기도 하다. 문화예술위원회 지원도 있어서, 청년글방 시절엔 꿈꾸기 어려웠던 작가 초청 행사들도 제법 많이들 한다고 들었다. 그런 자리에는 K도 두어 차례 초대받은 적이 있다. 그러나 그런 공공기관의 약속 같은 말들을 K는 여전히 의심한다. 계획과 기대효과가 숫자 단위로 적힌 서류는 책과 완전히 달리 쓰고 읽는 장르다(K는 서류 앞에서 문해력이 제로에 가깝다).

그가 기웃거린 독립서점들은, 낡고 곳곳이 흠집 투성이였던 청년글방과 달리 인테리어도 예쁘고, 진열도 세련돼 보인다(그의 눈에는 더욱 그렇게 보일 수 있다. 청글을 영영 리모델링하지 못했으니까). 통유리 속 불빛은 아늑해 보이고, 주인들은 대체로 온화한 표정에 호감 가는 인상들이다. 그러나 K는 여전히 제 발로 그 안에 들어가지 못한다. 그것은 묘하게 갈라

문학과 유토피아
상상력과 인간
시인을 찾아서
행복의 시학
제강의 꿈
폭력의 구조
시칠리아의 암소
이상 전집 4 수필
이상 전집 1 시
©김형중

진 마음인데, 두려움과 연대감과 매혹과 향수와 또 그보다 더 많은 감정들이 뒤얽힌 그런 기분이다.

망설이고 망설이다 돌아서며 K는 응원한다. 부디 그 안에는 일말의 누추도 없기를, 부디 그곳에서 악몽을 얻지 말기를, 책 읽는 많은 사람들만 얻고, 시 읽는 행복만 얻고, 조용히 넘어가는 책장의 바람 소리만 있기를……. 그러나 K, 그는 반파우스트적 인간, 훗날 더 늙어서 모든 행위가 그의 몫이 아니게 되었을 때, 흠…… 어쩌면 다시 '노년 글방'이라도 차려 손님 없는 서점에서 한가하게 『고도를 기다리며』 같은 책이나 읽고 앉아 있게 될지도…….

오래된 식당과 한 끼의 味학

오래된 가게가 주는 선물이다. 노포는 우리의 감각을 깨우는 그런 요건을 갖추고 있다. 쿡방, 먹방으로 일컬어지는 일회적이고 단편적이며 자극적인 이벤트성과는 차원이 다른 맛이다. 옛 추억을 환기하고, 오래전의 기억을 소환하며, 사람살이의 스토리를 펼쳐낸다. 오래된 식당의 힘이며, 오래된 식당이 지니는 진정성이다.

오래된 식당과 한 끼의 味학

박성천

소울 푸드에 대한 단상

누구에게나 '소울 푸드'가 있다. 영혼의 맛, 내지는 영혼을 흔들 만큼 잊히지 않는 맛이라는 뜻일 게다. 영혼의 맛은 무엇이 있을까. 아마도 대부분 엄마의 손맛이 깃든, 고향의 정이 담긴 원초적인 맛을 말하지 않을까 싶다. 물론 사람마다 저마다 미각이 다르듯이, 원초적 맛에 대한 감성은 다를 것이다.

그럼에도 소울 푸드라는, 다소 원초적인 이 말이 지닌 자장은 강력하다. "당신의 소울 푸드는 무엇입니까?" 누군가로부터 질문을 받는다면, 멈칫하게 된다. 아릿하고 따스한 무언가가 안에서 치고 올라오는 느낌과 마주한다. 무엇을 먹을까, 무엇이 맛있을까, 와는 차원이 다른 물음이다. 하루하루가 전쟁처럼 느껴지는 삶에서 메마르고 지친 나를 위로해줄 음식이 있다는 것은 행복하고 감사한 일이다.

일반적인 소울 푸드는 아프리카계 미국인들의 전통 음식을 지칭한다. 노예제도 당시 고통스러운 일상과 고단한 삶을 잠시나마 잊게 해준 음식이 바로 소울 푸드다. 사전적인 '아프리카계 미국인들의 전통 음식'이라는 점잖은 수사 이면에 아픔과 슬픔의 역사가 드리워져 있다. 생각해보라. 백인들의 감시와 냉대 속에 허드렛일과 위험한 일을 해야 했던 흑인들이 고단한 하루 일과를 마치고 허기진 배를 채우기 위해 먹었던 음식을.

보편성이라는 말은 시대와 지역의 칸막이를 넘어선다. 공간과 시간을 초월해 공통적으로 느끼는 무엇이다. 남도 사람들에게도 소울 푸드가 있다. 너른 곡창과 삼면의 바다, 청정의 하늘 등 천혜의 자연을 거느린 남도는 사시사철 풍성하고 신선한 음식재료가 넘친다. 발효라는 시간적 풍미와 양념이라는 보조재료의 조합은 여느 지역과는 다른 맛의 감성을 선사했다.

더욱이 시대의 아픔과 역사적 차별이라는 슬픔과 한은 음식에 대한 남다른 감성을 갖게 했을 것이다. 1980년 오월 죽음의 사선을 넘으며 군부독재에 저항했던 시민들에게 '주먹밥'이 지닌 의미는 각별하다. 그것은 밥이 아니라 희생이며 눈물이다. 다른 어떤 이름보다도 숭고하고 아름다운 음식이다. 많은 이들의 염원과 눈물이 담겨 있는, 가장 소박하면서도 빛나는 음식이다.

광주의 보리밥은 주먹밥과 같은 음식에 비견된다. 무등산 자락 인근에는 몇 개의 보리밥 집이 있다. 사계절 중에서도 여름철, 광주 사람들은 더위를 식히고 영양을 보충하기 위해 보리밥을 먹는다. 보리밥과 갖은 나물을 비벼 그것에 열무를 싸서 먹는 맛은 무엇에 비할 바 아니다. 보리밥 쌈이 주는 오묘함은 무등산의 품을 떠올리게 한다. 광주 사람들에게 무등산은 어머니의 품이며 든든한 버팀목이다. 시대의 격랑이든, 개인사적인 곡절이든 그것의 한복판에 놓여 있을 때 사람들은 무등산을 찾곤 했다. 무등산과 보리밥은 원초적인 자연의 감성을 선사한다.

그처럼 소울 푸드라는 말을 굳이 꺼내지 않아도 누구에게나 잊지 못할 음식이 있다. 고향과 어머니로 대변되는 손맛을 느낄 수 있다면 그것이 곧 소울 푸드다. 심신이 지치고 피곤할 때 포근히 감싸 안아주고 다독여주는 맛을 찾는 건 인지상정이다. 컨베이어 벨트처럼 빠르고 쉼 없이 돌아가는 경쟁 사회에서 우리 모두는 도구화 되어가고 있다. 밥벌이의 전장이 점점 더 살벌하게 변해갈수록 원초적 맛에 대한 그리움은 배가 되는 법이다.

김준영은 20년이 넘은 베테랑 방송작가다. 방송계에서 20년 넘게 일했다면, 멘탈이 대단히 강한 사람이다. 적어도 필자가 생각하기에는 그렇다. 그의 책 『구해줘, 밥』(한겨레출판, 2020)에는 다음과 같은 구절이 나온다. 그가 소개하는 몇 가지의 음식에는 '눈물', '손길', '연애담' 등이 색다른 묘미처럼 담겨 있다.

> 송이 박나물 무침, 고기 무자고 볶음, 갓김치 멸치 육젓, 삼치 껍질 유비끼, 토란탕, 메밀반대기, 거지탕…. 그 지역 사람들이 부르는

이름대로 투박하게 적힌 음식들 속에는 한겨울 눈 사냥을 그리워하는 70대 산골 할아버지의 눈물도, 쉰이 넘은 딸의 얼굴을 쓰다듬으며 연신 "예쁘다, 예쁘다"라고 속삭이던 치매 앓는 어머니의 아름다운 손길도, 깊은 산골 처녀 농군과 결혼한 군인 아저씨의 애틋하고 아름다운 연애담도 녹아 있었다. 따뜻했고, 위로가 됐다. 울컥 눈물이 났다.

버텨내기가 힘들고 경쟁이 치열한 직장 가운데 하나가 방송 관련 일이다. 대중을 상대로 시청률을 '팔아야' 하기 때문이다. 김 작가는 '화제집중', 'PD수첩' 등 공중파 내로라하는 프로그램들을 했다. 다양한 프로를 했다는 것은 세상 이면에 드리워진 삶의 온갖 맛을 다 봤다는 의미다. 사람들의 기억에 남는 방송프로그램을 만들기까지 그가 얼마나 고혈을 짜내는 원고를 썼을지 짐작이 가고도 남는다.

그 때문이었을까. 오랜 작가 생활로 인한 피로와 스트레스로 번아웃이 왔다. 그럴 때 떠오른 게 '한국인의 밥상'을 하며 맛봤던 음식과 사람들의 이야기다. 그가 '한국인의 밥상'에서 찾은 맛은, 제목의 그것처럼 고단함과 아픔을 '구해줄 수 있는' 맛이다. 시원하고 달달한, 따뜻하면서도 감칠맛이 나는, 깔끔하면서도 뒷맛의 여운이 남는 그런 맛인 게다. 아마도 그것이 나름의 소울 푸드가 아니었을지.

그러나 영혼의 음식은 어떤 게 더 맛있고, 어떤 게 더 가치 있다고 말할 수 없다. 사람이라는 '한 권의 책'에는 실로 많은 삶의 이야기가 담겨 있으며, 잊을 수 없는 맛에 대한 추억과 기억 또한 양념처럼 배어 있을 것이기 때문이다. 그 맛에 대한 정의 또한 각양각색일 것은 자명하다. 어린아이의 맛, 유년의 맛, 청소년기의 맛, 청년 시절의 맛, 중장년 무렵의 맛, 노년의 맛도 다를 터이다. 사람의 미각은 보수적이면서도 진보적인 양면의 속성을 지닌다. 그러나 옛것에 대한 향수, 옛 맛에 대한 그리움은 새롭고 이질적인 맛에 대한 동경보다 더 강렬할 터다.

노포와 음식 그 절묘함에 대하여

사설이 너무 길었다. 음식 이야기를 하다 보니, 이런저런 생각들이 두서없이 흘러나왔다. 사실은 오래된 가게, 그 가운데서도 식당과 관련한 이야기를 하려던 참인데. 음식 이야기를 싫어하는 사람은 거의 없다. 삼시 세끼 먹어야 하는 것이 인간의 숙명이고, 먹은 다음에라야 숙명 같은 일들을 진행할 수 있기 때문이다.

오래된 가게를 노포(老舖)라고 한다. 오래된 점포라는 뜻이다. '오래된'이라는 말이 주는 느낌은 시골집 아랫목 같은 촉감을 불러일으킨다. 조금은 그을리고 촌스러워 보여도 진득한 온기가 배어 있는 그런 느낌 말이다.

하지만 오래된 식당은 식탐을 부추긴다. 부정적인 식탐이 아니다. 먹는 것에 대한 탐색, 음식에 대한 탐미 정도로 해두자. 단순히 배가 부르게 음식을 먹는 것과는 차원이 다르다. 그러나 맛을 알기 위해서는 음식의 본질,

하동정
4F
味

232-9351
전어구이

과학, 명칭, 조리법 등 다양한 요인을 이해해야 한다.

필자가 음식의 맛을 탐색하고 탐미하기 시작한 것은 직장생활을 하면서다. 일자리를 얻는다는 것은 내가 쓸 수 있는 돈을 스스로 벌 수 있다는 의미다. 먹고 싶은 음식을 사 먹을 수 있다는 얘기다. 대개가 그렇지 않은가. 살 수 있고, 먹을 수 있고, 여행 갈 수 있는 자유는 돈을 벌면서 가능해진다. 맛있는 음식을 구애받지 않고 마음껏 사 먹을 수 있는 자유는 호기로운 호사 가운데 하나다.

대학을 졸업하고 사회에 나오게 되면 쓰는 돈의 단위부터 달라진다. 한 달 용돈이 초등학교 때는 몇만 원으로 족한 반면 중고등학교 시절은 오만 원 내지 십만 원으로 늘어난다. 대학을 졸업하고 사회에 나오면 기십 만원의 용돈을 쓰게 된다. 점심값을 비롯해 저녁 식사, 술값에 충당되는 돈이 만만치 않다. 돈의 단위가 달라지면 먹는 음식도 달라진다. 한 끼의 식사는 더 맛있고, 더 새롭고, 더 푸짐한 개념으로 바뀐다. 미식의 개념이 어느새 음식을 먹는 주요한 기준이 되는 것이다.

그렇다면 왜 오래된 가게와 음식은 절묘한 관계를 이룰까. 맛이라고 하는 독특한 풍미 때문인지도 모르겠다. 나아가 그 풍미에는 우리의 감각을 자극하는 어떤 요인이 깃들어 있는 것인지 모른다.

오래된 가게에는 내 집과 같은 편안함이 녹아 있다. 세월이 빚은 아우라이며, 시간이 걸러낸 진미 때문이리라.

대학을 졸업하고 언론사에 취직했을 때, 선배들을 따라 자주 갔던 음식점 중에 '실비집'이 있었다. 금남로 어느 골목이었을 것이다. 나이 드신 할머니 두 분이 운영했는데 김치찌개와 갈치조림, 호박조림이 주 메뉴였다. 실비집이라는 이름답게 허름했고 어찌 보면 누추하기까지 했다. 비좁은 데다 좌석도 몇 개 안 됐다. 그러나 그곳의 음식 맛은 여느 곳에 비할 바 아니었다. 큼지막한 감자와 둥글납작한 무, 그리고 푸짐한 고구마줄기가 들어간 칼칼한 갈치조림의 맛은 한마디로 예술이었다. 짭조름한 국물에 밥을 슥슥 비벼 먹는 맛은 일품이었다. 적당히 익은 갈치 토막을 젓가락으로 헤집으면 뽀얀 살 위로 얼큰한 양념이 어우러졌다. 뜨끈한 쌀밥 위에 매콤하고 달짝지근한 국물을 얹으면 혀가 얼얼해지면서 특유의 맛을 느낄 수 있었다. 필자는 아직까지도 실비집에서 먹었던 갈치조림을 잊지 못한다.

그처럼 변변한 간판 하나 없었지만 실비집이라는 공간이 주는 맛은 상상을 뛰어넘었다. 눈, 코, 입이 즐거웠다. 보글보글 끓는 소리 또한 침샘을 자극했다. 비단 입만 즐거운 것이 아닌, 모든 감각이 즐거움을 느꼈다. 그러한 과정이 모두 뇌에서 느끼는 풍미과정이라는 사실을, 물론 당시에는 알지 못했다. 과학자들은 이를 '신경미식학(neurogastronomy)'이라는 관점에서 설명한다. 특정 음식을 기억하는 것은 혀끝의 감각도 있지만 뇌에서 일어나는 다양한 감각의 인식과 연관된다는 것이다.

오래된 가게가 주는 선물이다. 노포는 우리의 감각을 깨우는 그런 요건을 갖추고 있다. 쿡방, 먹방으로 일컬어지는 일회적이고 단편적이며 자극적인 이벤트성과는 차원이 다른 맛이다. 옛 추억을 환기하고, 오래전의 기억을 소환하며, 사람살이의 스토리를 펼쳐낸다. 오래된 식당의 힘이며, 오래된 식당이 지니는 진정성이다.

지금은 가게 운영을 중단했지만 한때는 광주 시내의 노포를 상징하는 곳이 있었다. 광주시립미술관 금남로 분관 인근 골목에 자리한 영흥식당이 그곳이다. 광주에서 예술한다는 사람치고 이곳을 모르는 이들이 없었다. 지금은 폐업을 했지만, 불과 2년 전만 해도 영흥식당은 예술인들의 사랑방 역할을 톡톡히 했다. 혹여 예술가가 아니어도, 시 한 줄 긁적이지 못해도, 붓 한 번 잡아보지 못했어도, 세련된 곡조의 한 소절 노래를 부르지 못해도, 이곳에 들어서는 이들은 모두가 예인이었다. 예술가가 아니어도 테이블 하나를 건너면 신산한 예인의 길을 걷는 이들이 꼭 한둘은 자리했다. 민주 인사들도 5월이면 이곳에서 술잔을 기울이며 시국을 논하곤 했다.

김준태 시인에 따르면 영흥식당의 원래 이름은 대흥식당이었다. 1986년 해남 출신의 주인이 그 상호로 문을 열었지만 3년 뒤 임병숙 씨가 이어서 영흥식당으로 바꾸고 장사를 시작했다고 한다.

전남대 국문과 명예교수인 손광은 시인의 「영흥 주점 대학」이라는 시가 있다. 무등산 막걸리와 열무김치, 전어구이가 일품인 맛집. 주점과 식당의 경계가 없는, 어느 때는 술집이었다가 어느 때는 밥집이 되는 그런 곳이었다. 시의 제목에는 영흥, 주점, 대학이라는 세 언어가 버성기듯 어우러져 있다. 영화로움과 흥함, 술집, 학문의 전당은 이질적인 만큼 창발적인 조화를 선사한다.

막걸리 주막 집에 앉으면

부끄럼없이 가난한 우리끼리 서로서로 즐겁다.

남루한 가난이야
무슨 부끄럼 있으랴
무슨 잘못 있으랴
무슨 죄 지은 일 없이
풀이 죽어 있으랴
향기로운 마음 흔들릴 때마다
한 잔 한 잔…

잘사는 속임수 못 쓰는
우리들끼리 빈 마음 가득가득 술로 채우고
흔들릴 때마다 한 잔 흔들릴 때마다 한 잔 들다보면
술은 취하지 않는구나 다만 몸이 흔들릴 뿐…
쓴웃음 섞어 한숨을 마실 뿐
한깊은 뿌리가 뿌리를 보듬듯
쑥부쟁이 쓰디쓴 뿌리가
뿌리를 보듬듯 술잔을 들고
쓰디쓴 쑥부쟁이 씹듯
향기로운 막걸리 술을 마신다.

남루한 가난, 빈 마음, 한깊은 뿌리, 쓰디쓴 쑥부쟁이와 같은 시어들이 유독 가슴으로 다가온다. 남도의 정서와 밀착된 언어들이다. 허허롭고 가진 것은 없지만 막걸리 한 잔이 향기로운 마음이 된다는 표현이 쏙 마음에 든다.

한때 두주회(斗酒會)라는, 말술 모임의 회원이기도 했던 원로시인은 이곳의 단골이었다. 시내에 나오면 꼭 지인들과 막걸리를 마셨다. 한두 잔 '무등산'을 들이켜면 시심이 동해 절로 시가 나왔다. 그의 시 「영흥 주점 대학」은 젊은 시절 몸담았던 상아탑 대학보다도, 더 많은 것을 가르치고 배우게 한다. 학교에서만 인생을 배우는 것은 아니다. 시인의 지론에 의하면 주점 대학에서 술잔을 기울이며 주고받는 이야기가 산 공부다.

필자의 기억에도 영흥식당은 뿌연 연기처럼 의식의 밑바닥에 자리한다. 비릿하면서도 고소한 맛을 기억한다. 영흥식당 최고의 일미는 전어구이였다. 벌건 연탄불에 지글지글 익어가는 전어의 모습은 시각과 후각을 자극한다. 그것은 고문이기도 했다. 무리 지어 피어나는 연탄불에서 기름기가 빠진 채 노릇노릇 익어가는 생선은 상상만으로도 배를 부르게 한다.

오래된 가게를 만나다

이제부터는 현존하는 노포의 세계로 들어가 보자. 앞서 열거한 추억의 노포는, 비록 사라졌지만 광주 사람들의 의식 속에 여전히 숨 쉬는 식당들이다. 지금부터는 2020년 오늘에 이르기까지, 가게의 명맥을 유지해 오고 있는 노포들을 소개하고자 한다(이 글에서 소개하는 식당은 필자가 오랫동안 다녔던 가게를 위주로 선정했다).

30년 넘게 또는 가까이 동일한 간판을 걸고 식당을 운영해온 이들에게는 공통점이 있다. 바로 자부심인데, 다른 말로는 '넘사벽'이라고 표현할 수 있겠다. "넘을 수 없는 사차원의 벽'이라는 뜻이다. "아무리 노력해도 따라잡을 수 없거나 대적할 만한 상대가 없다"는 말로 통용된다. 시간과 기술, 노력이 숙성돼 도달한 고유의 아우라는 굳이 자부심이라 표현하지 않아도 저절로 배어 나오는 특징이 있다.

유진규 환경다큐멘터리 전문 PD의 저서 『맛의 배신』(바틀비, 2018)에는 이런 내용이 나온다. "음식에는 그것이 만들어진 토양과 바다의 미세한 환경 같은 정보가 내재되어 있다. 어떤 의미에서 음식은 연료라기보다는 외부 세계의 정보를 운반하는 언어에 가깝다. 음식은 몸의 모든 세포와 자연계의 한 측면만을 연결해 주는 단절 없는 정보의 흐름이다."

기억은 오감이라는 감각을 통해 세포와 뇌리에 축적된다. 어린 시절 먹었던 고향 음식, 어머니가 해준 집밥이 친숙하고 진한 향미를 주는 것은 오랜 기간에 걸쳐 그것의 정보가 몸속에 축적돼 있기 때문이다. 그러므로 음식에 대한 긍정적인 정보를 많이 가지고 있는 이들은 행복한 사람들이다. 먹어도 물리지 않는, 새록새록 지난 시절의 이야기를 되새김질하게 해주는 식당은 행복의 충전소다.

명덕식당

이 식당은 영흥식당(광주 동구중앙로196번길 17)과 인접해 있다. 명덕이

진국설농탕전문
17
수
육
미
자
·
내가본
明
德
냉·난방중
食
堂
우족·꼬리
설
농
탕
김
치
찌
개
착한가격
LG

라는 말이 좋다. 눈길을 잡아끄는 상호가, 먼저 주인장의 마음을 짐작케 한다. 밝을 명(明), 덕(德). 밝음과 덕은 모두가 좋아하고 추구한다. 그럼에도 대부분의 사람들은 일상에서 너무도 쉽게 잊고 산다. 이편이 밝아야 덕을 드러내기 때문이 아닐지 싶다. 밝음을 주는 존재가 된다는 것은 말처럼 간단치 않다. 해(日)와 달(月)이 합쳐져야 비로소 밝음을 잉태하듯이, 해 같은 마음, 달 같은 마음을 갖지 않고는 골고루 밝음을 드리울 수 없다. 그 밝음은 어질고 유익한 언행을 통해 구현된다.

명덕식당 앞에 들어서기 전에는 한 번쯤 그런 뜻을 떠올렸으면 싶다. 주인장(김경영) 또한 그러한 뜻을 펴고자 그 이름을 내걸었을 터다. 단순히 음식을 파는 것이 아닌 밝음을 주고 덕을 세우고 싶다는 나름의 뜻을 펼치고 싶은 것이리라. 벽면에 내걸린 액자의 글귀가 주인장의 '철학'을 보여준다. "동방의 등불이라. 추앙받는 이 나라에 추앙받는 경순대왕 제 칠자이신 선님을 시조로 한 언양김씨 밝은 빛이 등불을 돋구었소."

명덕식당은 예술의 거리 맞은편 골목에 자리한다. 40년 가까이 이곳에서 설렁탕집을 운영해왔다. 도대체 몇 그릇이나 팔았을까. 하루에 50명만 와도 한 달이면 1,500그릇. 1년이면 1만8,000그릇. 40년이면 72만 그릇…. 최소 70만 그릇은 팔지 않았을까 하는 생각이 든다. 이것은 어디까지나 필자의 단순한 생각이니, 오차가 있을 것이라 전제를 해도 50만 그릇은 너끈히 되지 않을까 싶다.

가게의 외양뿐 아니라 안의 풍경도 시간의 더께를 그러안고 있다. 동구 궁동이라는 지역은 오래된 구도심이다. 일제 강점기 광주읍성 인근의 도시 계획에 따라 조성됐다. 거리가 좁고 건물들이 비교적 다닥다닥 붙어 있는 형태다. 번듯한 건물은 아니지만 40년 이력을 고스란히 품고 있다. 단골 손님들은 대부분 나이 지긋한 어르신들이다. 삼십대나 사십대 청장년들은, 어느덧 칠팔십대 노년에 이른 것이다.

명덕식당(明德食堂)－진국 설농탕 전문.

그렇다면 설렁탕과 설농탕의 차이는 무엇일까. 어떤 이는 설렁탕을 보면 마음이 훈훈해진다고 한다. 국물이 뽀얀 데다 맛이 진해서다. 마음 한 켠이 허허롭고 쓸쓸할 때, 뽀얀 설렁탕 국물에 밥을 말아 먹고 나면 얼었던 마음이 눈 녹듯 풀어진다. 설렁탕의 원래 명칭은 설농탕(雪濃湯)이었다. 『조선요리학(朝鮮料理學)』 등에 따르면 조선시대에 왕이 선농단에서 제사를 올린 뒤 먹은 음식이다. 소고기로 국을 푹 끓여 제사에 참석한 어른들을 대접한 데서 유래했다.

“설렁탕집 단골 가이드를 많이 했습니다. 1980~1990년대는 광주에서 문학 행사가 있으면 전국 각지에서 문인들이 오곤 했어요. 서울, 부산, 대구 등지에서 광주를 찾는 이들은 ‘광주만의 맛’을 느끼고 싶어했죠. ‘광주 냄새를 느낄 수 있는 식당’을 안내해 달라는 거였어요. 왜 그렇잖아요? 우리들도 다른 도시에 가면 그곳만의 고유한 맛을 느끼고 싶은 거. 예술을 하는 이들도 마찬가지죠. 지역 음식을 맛보아야 조금이라도 그 지역을 경험했다 할 수 있는 거죠… 한번은 부산 문인들 40여 명이 광주에서 개최한 문학 행사에 온 적이 있습니다. 행사가 끝나자 광주의 정서가 살아 있는, 광주만의 분위기를 느낄 수 있는 식당으로 안내해 달라는 거였어요. 머릿속에 떠오른 집이 바로 명덕식당이었습니다. 상호가 떠올랐다기보다 설렁탕 특유의 담백한 국물과 달짝지근하면서도 매콤한 배추김치가 생각났던 거죠."

「아, 광주여 이 나라의 십자가여」의 김준태 시인은 명덕식당 단골이다. 시인은 전형적인 전라도 사람이다. 외양도 그렇고 내면의 무늬도 그렇다. 키가 크고 풍체가 좋은 데다, 목소리까지 쩌렁쩌렁해 어디서도 눈에 띈다. 젊은 시절부터 명덕식당 단골이었다. "경상도 문인들이 맛을 보고는 '죽여준다'" 엄지손가락을 올리더라는 거였다.

명덕의 국물은 진하고 부드럽다. 속이 풀어지는 느낌이다. 양지와 사태를 넣어 끓인 육수는 혀끝에 풍미를 더한다.

김준태 시인은 송기숙 소설가, 고(故) 문병란 시인, 이명한 작가 등과 젊은 시절부터 문학을 매개로 광주 정신을 설파해왔다. 그는 곧잘 이곳에서 동료 문인들과 만나 소주잔을 기울였다. 두셋이 어울릴 때도 있었지만, 더러는 가까운 몇 명이 모여 시국을 논하고 문학을 논하기도 했다. 울분이 쌓일 때면 오월의 노래를 부르며 마음속 응어리를 풀기도 했다. 광주전남작가회의 회원도 있었고, 신문사 시절(시인은 광주매일 신문기자도 역임했다) 선후배 기자와 만나 업무 외에도, 정치와 사회, 문화 등 다방면의 주제를 토론했다.

어느 때는 2층 다락에서 단체 모임을 갖기도 했다. 수육 몇 점에 소주를 마시고 나면 고단한 일상의 피로가 풀렸다. 2층의 긴 다락은 단체 회식장소로도 그만이었다. 직사각형의 방은 옛 시골집 뒷방 같은 분위기와 흡사한데, 바닥에는 여러 개의 상이 놓여 있어 동아리나 단체 모임 장소로 그만이었다.

김준태 시인이 이곳을 좋아하는 이유는 설렁탕도 설렁탕이지만, 전라도 토종 배추로 담근 배추김치 맛 때문이다. 아삭하고 시원한 배추가 담백하면서도 텁텁한 국물과 만나 입속에서 번지는 케미는 뭐라 설명할 수 없는 독특한 풍미를 주었다.

김준태 시인은, 며칠간 창작에 몰입하고 난 뒤에는 반드시 이곳에 들러 설렁탕 한 그릇을 깨끗이 비운다. 영양을 보충하기 위해서다. 사투를 하듯 장시간 글을 쓰고 나면 설렁탕이 '땡긴다'는 거였다. 진한 국물에 깍두기를 얹어 밥 한술을 먹고 나면 여느 밥상이 부럽지 않았다.

필자에게도 이곳 설렁탕집은 몇 안 되는 단골 식당이다. 직장생활을 하는 동안 선배를 따라 점심이나 저녁을 먹기 위해 곧잘 들렀다. 1990년대 초중반 시절, 일과가 끝나면 금남로나 충장로 인근에서 술을 마시곤 했다. 당시 술자리는 업무의 연장이었고 일을 배우기 위한 일종의 윤활유와도 같았다.

명덕식당을 처음 갔을 때의 기억은 지금도 선명하다. 허름한 식당 분위기와 달리 맑으면서도 담백한 맛, 그리고 무엇보다 저렴한 가격이 인상적이었다. 당시 가격이 3,000원이었다. 전날 술을 많이 마셨던 터라 속이 쓰리고 아팠다. 따뜻한 국물이 있는 밥을 먹고 싶다는 생각을 했었는데, 때마침 선배들이 명덕식당에 데리고 갔다.

헝클어진 실타래처럼 거북한 속이, 그 뽀얀 국물을 한 수저 떠서 먹고 나니 신기하게 잦아들었다. 간단히 소금 간을 하고 숭숭숭 썰어진 파를 넣고

밥 한 공기를 온전히 말았다. 파도가 요동을 하듯 부글부글하던 속이 거짓말처럼 잠잠해졌다. 우려낸 국물에는 뭔가 특효가 있는 듯했다. 그러나 최고의 일미는 국물에 만 밥 위에 김치를 얹어 먹을 때였다. 칼칼하면서도 단맛이 감도는 김치가 담백한 국물과 만나 창출하는 조화는 오묘했다. 마치 어린 시절 어머니가 가마솥에 눌어붙은 누룽지를 긁어 끓여주던 숭늉의 맛이었다. 은근한 불에 진득하게 우려낸 맛이었다. 보통의 설렁탕보다는 조금 맑지만 뒷맛은 개운했다. 고기도 모자라지 않게, 넘치지 않게 몇 점 들어 있었는데 씹히는 맛이 부드럽고 고소했다. 양지와 사태를 넣고 끓였던 터라 오래도록 씹는 맛이 있었다.

안주인인 강순아(74) 아주머니는 음식을 준비하는 수고를 이렇게 말한다. 아주머니는 이곳에서 황금 같았던 젊음의 시간을 보냈다. 40년이라는 시간의 화살이 쏜살같이 날아가 버렸다.

"40년 가까이 장사를 하다 보니 뼈마디 어느 곳 하나 성한 곳이 없어요. 매일 새벽에 일어나 김치를 간하고, 고기도 썰어야 하고 중노동이지요. 김치는 8시 이전에 꼭 담아야 하고 고기는 새벽 나절에 썰어야 했습니다. 그런데 올해는 코로나 때문에 많이 힘들었어요. 오죽했으면 같이 일하던 아주머니 한 분을 나오지 말라 했겠어요. 나이를 먹어서 그런지 우리 아저씨(김경영·77)는 쉬는 날이면 산을 타러 가요. 너무 힘드니까. 예전에는 토요일, 일요일도 문을 열었는데 요즘은 힘들어서 그렇게까지는 못해요."

19-1

화필
여로
쌈밥전문
예약단체환영
222-7268
강황
(울금)
국밥
233-8778~9

화필여로

광주에서 가장 시적인 음식점을 꼽으라면 화필여로(광주 동구 예술길 19-7)를 빼놓을 수 없다. 예술의 거리에 있다는 것도 그렇지만, 상호가 발현하는 이미지가 그렇다. 음식과 예술이 서로 상통한다는 점에서 화필여로는 예술과 가장 유사한 이미지를 지니고 있다.

음식은 재료 준비가 반이라는 말이 있다. 모든 재료를 정성껏 준비하고 불의 세기에 따라 재료를 순서에 맞게 넣어야 고대하던 맛이 난다. 그런 점에서 음식을 만든다는 것은 고도의 예술행위라 할 수 있겠다. 그러므로 모든 요리사는 예술가이며, 모든 예술가는 요리사로 수렴된다.

노포 화필여로에 들어서기 위해서는 예술작품을 대한다는 마음 한자락쯤은 필요하다. 예술에 대해 문외한이어도 괜찮다. 문득문득 깨닫게 되는 예술의 고마움 정도만 알아도 괜찮을 듯싶다. 화필여로는 그림을 그리는 붓이라는 의미의 '화필'과 여행길이라는 '여로'가 합성된 말이다. 보리밭이 익어가는 황톳길의 이미지를 준다. 정답고 도타운 시골의 풍경을 벗 삼아 는적는적 걷다가 어느 주막에 들러, 다리쉼도 하고 목도 축이는 그런 모습이 오버랩된다.

화필여로에 들를 때면 꼭 어딘가에 '방랑시인 김삿갓'이 있을 것만 같은 착각이 든다. 어느 구석진 곳에 삿갓을 비스듬히 쓰고 시장기를 때우고 있지 않나 싶다. 조용한 방에 혼자 앉아 밥을 먹고 있을 것도 같다. 고향을 그리워하며 스스로 탄식했던, 천재 문인의 흔적을 괜스레 찾게 된다. 충효의 어떤 길도 갈 수 없었던 김삿갓의 애달픈 심사가 화필여로라는 상호 속에

어리어 있는 듯하다.

이곳은 쌈밥집이다. 1990년대 초반 상호가 처음 내걸렸으니, 어림잡아 30년이 됐다. 노포라는 의미와 이미지가 자연스럽게 융합된다. 화필여로가 처음 문을 연 것은 1990년대 초반이다. 현재 디자인 회사를 운영 중인 백정환 에이원아트 대표가 중앙초등학교 후문에 가게를 오픈했다. 그곳에서 3년을, 이후 현재의 위치로 이전을 해 4년여 남짓 쌈밥집을 운영했다. 그리고 이후로는 현재 화필여로의 주인장 되는 분이 인수해, 운영 중이다. 간판과 상호, 그리고 쌈밥이라는 메뉴는 그때나 지금이나 동일하다. 주인장만 바뀌었을 뿐이지 예스러운 분위기나 시골 밥상을 떠올리게 하는 반찬, 담아내는 그릇의 모양새는 별로 달라지지 않았다.

옛 주인장 백정환 에이원아트 대표는 원래 신문사 광고 직원이었다. 광고 디자인과 문안, 사진 작업에 남다른 감각이 있었다. 그에 따르면 당시 부인은 고가구나 골동품 같은 옛 물건을 모으는 취미가 있었다. 음식 솜씨도 좋았다. 동호회 활동을 하는 이들과 서울 인사동에 들러 옛 물건이나 그릇 등을 구매하는 걸 좋아했다. 인사동 거리에 들러 밥을 먹거나 차를 마실 때면 '광주에도 전통 식당이나 찻집이 있었으면 좋겠다'는 생각을 했다고 한다. 그것이 계기가 돼 처음에는 전통찻집을 했다. 좋은 의도로 출발했지만 계속 적자가 났다. 고민 끝에 찻집을 밥집으로 바꿨다. 시설과 인테리어 등 모든 외양은 그대로 두고 메뉴만 달리한 것이다.

마땅한 상호가 떠오르지 않았다. 백 대표가 당시 몸담고 있던 광주일보에서 발행하는 『예향』이라는 문화잡지에서 힌트를 얻었다. 여러 기획기사

가운데 '화필여로'라는 고정란이 있었다. 기자와 화가가 팀을 이뤄 지역의 문화와 풍물, 사람과 인문에 대한 글을 쓰고 그림을 그리는 작업이었다. 6페이지 분량의 원고에는 풍치 가득한 글과 감성 넘치는 그림이 어우러져 꽤나 인기가 있던 코너였다.

글과 그림으로 풀어내는 콜라보레이션이었다. 그림이 글 같고, 글이 그림 같은 지면이었다. 예상대로 화필여로는 문화현상을 대변하는, 요즘으로 치면 문화트렌드로 자리를 잡았다. 백 대표는 당시 화필여로의 애독자였고, 동시에 잡지에 게재할 광고 디자인 작업을 손수 하곤 했다. 그의 상상력 넘치는 머릿속에 남도의 서정과 풍광이 화필여로라는 대명사로 점차 수렴이 되었던 모양이다.

그의 부인이 쌈밥집을 열었을 때, 가게 이름이 화필여로로 결정된 것은 어쩌면 당연한 귀결이었다. "어떻게 간판을 만들까 여러 날 고민을 했지요. 어느 시골에서 가져온 대문짝이 있었는데, 그 위에 가게 이름을 써넣으면 어떨까 싶었습니다. 지금 생각해도 이름 하나는 정말 잘 지은 것 같아요. 전국 어디에 내놔도 이처럼 시적이고 멋진 이름이 있을까 싶습니다."

신문사 식구들을 비롯해 예술가들이 오가며 밥을 먹었다. 당시만 해도 낮술을 먹는 게 일상적인 모습이라, 어떤 이들은 막걸리에 쌈밥을 먹기도 했다. 낭만이 있던 시절이었다. 나름의 멋과 맛이 있던 시절이었다. 벌건 대낮에 술을 먹고도 일을 했었고, 어떤 이들은 불의한 시대에 대한 울분을 토해내느라 밤늦게까지 술을 마시곤 했다.

현재의 화필여로의 주인장은 설동호·홍행남 부부. 여든과 칠십대 초반의 부부는 백 대표로부터 가게를 인수해 얼추 20여 년 가까이 식당을 이어 오고 있다. 간판도 예전에 물려받은 '화필여로'를 그대로 쓴다. 그 때문일까. 간판만 보고도 시간을 역류해 그 시절로 돌아가는 듯한 착각이 든다.

채반에 담긴 노란 기장밥과 불그스름한 수수밥, 오곡밥은 건강식단으로 손색이 없다. 상추, 배추, 깻잎, 청경채 등 채소만 해도 7~8가지에 이른다. 신선하고 싱그럽고 푸짐하다. 노랗고 불그스름하고 오색의 빛깔에 푸르디 푸른 채소가 어우러져 빚어내는 색은 환상의 하모니다. 자연의 색이 주는 절묘한 조화다. 눈으로 충분한 요기를 하고 입은 그 다음이다. 볶은 돼지고기 한 점을 밥에 얹고 그 위에 풋고추를 놓고 된장을 올리면, 입안은 행복으로 차오른다. 여느 왕의 밥상 하고도 비교할 수 없는 천상천하 유아독존의 맛이다.

부부 주인장은 건강한 밥상을 추구한다. 고향의 정과 고향의 맛을 선물하기 위해서다. 때문에 한번 이곳을 찾은 이는 다시 오게 된다. 저렴한 가격에 제대로 갖춘 쌈밥을 먹을 수 있다는 것은 행운이다. 광주에서 큰 행사가 있을 때는 기관장도 오고 문화기관 담당자들도 찾아온다. 예술의 거리에 있다 보니 아무래도 가장 많이 방문하는 손님들은 문화와 예술과 관련된 인사들이다.

"언젠가 젊은 여자가 우리 집에 왔어요. 배를 보니 임신을 했더라구요. 그 손님이 하는 말이 '입덧이 심해서 밥을 먹을 수 없는데 우리 집 쌈밥이 생각났다'는 거예요. 내 딸처럼 생각했어요. 그래 정성껏 밥을 해 줬더니 '너무 맛있게 잘 먹었다'며 손을 잡고 고맙다는 인사를 건넸습니다. 그때 어찌나 고맙던지. 밥장사를 하면서 그처럼 보람이 있을 때가 있을까요.”

필자도 화필여로를 가끔 찾는다. 회사 선후배, 또는 예술가들과 점심 약속이 있을 때, 허전하고 허허로워 뭔가 푸짐한 게 먹고 싶을 때, 이곳을 찾는다. 너무도 익숙한, 이제는 대명사가 되어버린 화필여로.

사실 문화잡지 『예향』의 기획기사 ‘화필여로’를 집필했던 이는 문재가 뛰어났던 선배 기자였다. 한두 시간 만에 원고지 30~40매를 너끈히 쓰는 천상 글쟁이였다. 그러나 술을 너무 좋아한 탓에 술로 인한 사고가 적지 않았다. 술을 이기는 장사는 없는 법이라고, 언제부턴가는 술이 술을 먹는 상황이 되풀이됐다. 건강도 악화되었고 사람들도 점점 그를 멀리하게 됐다. 예전만큼은 아니어도 지금도 술 때문에 안타까운 상황이 되풀이된다는 소식을 듣곤 한다. 당시 함께 취재에 동행했던 화가들은 일필휘지로 글을 써대는 선배 기자의 뛰어난 글솜씨에 탐복했다(아마도 그 선배가 술을 멀리하고 계속 글을 썼더라면 남도를 넘어 우리나라 문학사를 풍성하게 일군 뛰어난 문사가 되었을 것이다).

쌈밥집 화필여로에서 떠올리는 풍경은 이렇듯 다채로운데, 방랑시인 김삿갓(김병연)도 그 가운데 하나다. 이곳에선 누군가 삿갓을 쓰고 대나무 지팡이를 짚고 안으로 들어올 분위기가 풍긴다. 국문학자 이응수는 김삿갓을 일컬어 “19세기 미국의 월트 휘트먼에 비견되는 세계 시단의 변혁가”라고 평했다.

불현듯 김삿갓(김병연)의 「난고 평생시」라는 시 한 수가 가슴에 서늘하니 피어오른다.

鶴精龍氣
구당
仁山의학
仁山의학
10

"새와 짐승들도 제집이 있는데/ 나의 한평생 돌이켜보니 슬프네/ 짚신에 대지팡이로 떠도는 천 리 길/ 흐르는 물 뜬구름처럼 사방이 내 집이네/ 남을 탓함도 옳지 않고 하늘도 원망하기 어려우니/ 세모의 슬픈 감회 창자가 끊기려 하네"

길 위의 삶을 살다 길 위에서 삶을 마감했던 김삿갓. 스무 살 되던 해 「역적 김익순의 죄를 통탄하는 글」로 장원을 했지만, 후일 김익순이 자신의 조부였다는 사실을 알고는 큰 충격을 받았다. 출사를 하지도, 효 또한 할 수 없었던 그는 산하를 유랑하며 시를 읊는 것으로 패륜의 대가를 지불하려 했을 것이다.

극적인 삶을 살았던 김병연은 말년에 화순 동복에 거주하다 숨을 거둔다. 동북의 정경은 동가식서가숙하던 그의 영혼이 그리워했을 고향 강원도 영월의 풍광과 유사했다고 한다.

아무튼 화필여로 이면에는 숨겨진 이야기가 드리워져 있다. 쌈이 주는 특유의 맛, 서로 다른 재료들이 하나로 어울려 맛을 이루는 것처럼, 서로 다른 삶이 씨줄 날줄처럼 엉켜 모자이크 무늬를 이루는 삶의 다채로운 면을 보게 된다. 화필여로에 들르거든, 간판의 내력과 고향의 정 같은 푸근한 인심을 느끼시길.

밀樂園

밀樂園(동구 예술길 24)은 두부된장국으로 유명한 집이다. 구수한 된장국. 그런데 밀과 된장이 무슨 연관이 있을까? '밀'과 '즐거움'과 '정원'이라는 세 개의 어휘가 환기하는 것은 '따로 또 같은' 분위기다. 물론 밀가루 음식을 좋아하는 이들에게는 행복이 가득한 낙원이다. 혹자는 밀가루 관련 음식을 파는 곳이라 생각할 수 있겠다. 틀린 말은 아니다. 텁텁한 막걸리에 고소한 부침개도 먹을 수 있으니 말이다.

그러나 이곳 주 메뉴는 두부된장국이다. 된장국인 것도 같고 된장찌개인 것도 같다. 국이든 찌개든 중요한 것은 일반이 생각하는 보통의 음식과는 차원이 다르다는 점이다. 집에서 먹는 건강식 된장국과 거의 같다. 식당에서 파는 된장국이나 된장찌개쯤으로 생각한다면 섣부른 단견이다. 음식점을 열어 3년을 넘으면 나름 인정을 받는 것이다. 5년, 10년이 되면 확고한 자리를 잡았다는 얘기다. 20년부터는 자부심을 가져도 좋은 달인의 경지에 들어섰다는 것이 이쪽 업계의 대체적인 평가다.

하루 세 시간, 10년을 꼬박 한 우물을 파면 전문가가 된다는 1만 시간의 법칙은 꾸준한 수련과 인내의 중요성을 말한다. 음식점을 20년 이상 운영했다면, 매일 세 시간씩만 쳐도 2만 시간이라는 어마어마한 정성과 노력을 투자했다는 얘기다.

이곳에선 인고의 시간을 견뎌낸 이의 오롯한 심사를 읽을 수 있다. 간판부터 아트적 분위기가 물씬 배어나온다. 멀찍이서 간판을 보노라면 인근에서 밀 향기가 솔솔 밀려오는 느낌이다.

김성숙(62) 사장은 이곳 밀락원 3대째 주인장이다. 맨 처음 이곳에 문을 열었던 주인장은 청주와 수제비를 주 메뉴로 팔았다. "장성 황룡에서 친정어머니가 대주는 청주와 우리 밀로 요리한 전 그리고 수제비를 팔았다고 합니다. 당시 우리 밀을 사용해서 맛도 좋고 인기도 좋아 '밀樂園'이라는 상호를 썼다고 하더라구요. 이후로 다른 분이 한 3년 가게를 인수해 장사를 했습니다. 그리고 제가 장사를 한 지는 올해로 22년째입니다. 그러니 얼추 30년이 돼 가지 않나 싶어요. 무엇보다 '밀樂園' 상호가 좋아서 쭉 쓰고 있구요."

오래된 가게는 음식도 한결같아야 하지만, 가게의 상호 또한 역사를 담고 있어야 한다. 오래된 것이 거저 오래된 것이 아니라는 의미다. 나날이 새로워지고 의미 있는 빛을 발해야 한다는 당위를 담고 있다.

오이무침, 묵은지, 멸치무침, 콩나물무침, 콩자반, 계란찜, 김… 상에 올라오는 반찬들도 푸짐하다. 정성이라는 조미를 가미해 차려낸 밥상이다. 이렇듯 집밥의 분위기는 안심하고 먹어도 된다는 신호를 보낸다. 맞춤 된장으로 우려낸 국물에 두부와 감자를 썰어 넣고 고명으로 부추를 얹어 끓인 된장국의 진미가 고스란히 전해온다.

"예술의 거리가 침체돼 있지만 그러나 내일 일은 아무도 모릅니다. 아시아문화전당이 들어온 이후 예전과 다른 활기가 느껴지는 면도 있으니까요. 식당을 해보니 이편이 존중하고 사랑하고 최선을 다하면 결국 손님들은 알아주더라구요. 그래서 손님은 왕인 것 같아요."

김성숙 주인장은 늘 만면에 미소를 띠고 있다. 손님을 응대하는 면이나 주위 변화를 바라보는 눈썰미가 예사롭지 않다. 20년이 넘는 시간, 무수히 많은 사람을 봐왔으니, 나름의 철학을 득했을 터다. 도청이 근방에 있을 때만 해도 점심시간이면 눈코 뜰 새 없었다.

밀樂園은 지하에 있지만 결국 살아남았다. 그것도 오래도록. 예술의 거리라는 지리적 여건을 충분히 활용했다는 사실을 방증한다. “예술가들 특히 화가들이 전시회를 하면 오며 가며 그림을 사주고 응원을 해줬지요. 큰 돈은 아니지만 예술의 거리에서 더불어 산다는 의미를 공유하기 위한 나름의 방식이었습니다.”

이곳은 시골의 사랑방을 옮겨온 분위기다. 소담하면서도 널찍한 마루에 주인장의 손맛과 정성, 말솜씨가 더해지니 금상첨화다. 여기에 이름난 화가들의 작품이 벽면에 걸려 있어 눈까지 즐겁다. 강남구의 「석류」, 김평준의 「정물화」, 오건탁의 「무등산」, 백현호의 「강진주작산」 등은 음식점의 품격을 높인다. 입맛을 다시게 하는 석류 작품은 실물보다 더 사실적이다. 잠잠히 그림을 보고 있노라면 자신도 모르게 입안 가득 침이 고이게 된다. 벽면을 장식한 한국화와 군데군데 소품으로 놓인 부채, 어여쁜 도자기는 흡사 작은 박물관에 들어와 있는 착각을 준다. 마치 조선시대 어느 한때로 회귀해, 가까운 벗이 초대한 사랑방에 와 있는 듯한 느낌이 든다.

밀樂園은 예술의 거리를 가장 예술적으로 구현한 공간이기도 하다. 1990년대 초반에 문을 열었으니 얼추 30년이 다 됐다. 간판이 주는 시각적 효과 또한 예술적이어서, 오래오래 두 눈에 담아두고 싶은 디자인이다. 그러나 무엇보다 밀樂園 된장국에는 직장과 사회에서 다친 마음을 다독여주는 따뜻함이 있다. 날선 긴장을 무장해제하는 은근함마저 담겨 있다.

월계수 식당, 박순자 녹두집

광주 원도심에는 오래된 식당이 많다. 저마다 특색 있고 맛깔스러운 음식을 자랑한다. 그 가운데 전라도의 깊은 맛과 세련된 맛을 원한다면 월계수 식당에 가보라. 그곳에서 삼선볶음밥을 먹어보길. 1984년부터 가게를 했으니 올해로 만 36년째다. 이곳의 원조 음식은 삼선볶음밥이다. 수제비빔양념을 적당히 넣어 비벼 먹는데, 여느 곳의 볶음밥과는 견줄 수 없는 풍미를 선사한다.

1980년대 중반, 고등학교 시절 친구들과 함께 시내에 나오면 들렀던 식당이 월계수다. 대학에 입학해서도 자주 들렀다. 나라서적이나 삼복서점에 들러 책을 사고는 간단한 요기를 위해 찾았다. 주말이면 바로 앞 무등극장에서 외화를 보고 월계수에 들러 삼선볶음밥을 먹었다. 주머니 사정이 가벼운 이들에게 월계수는 마치 '월계수의 왕관'처럼 마음을 들뜨게 하는 식당이다.

지금은 메뉴가 10여 가지 정도로 다양해졌지만 그래도 삼선볶음밥에 대한 추억은 각별하다. 느끼지 않고 매콤하면서도 물리지 않는 맛은 월계수만의 비법이다. 광주 본점을 비롯해 인천 송도, 송파구, 일산 등 모두 네 곳에서 '세련된 전라도' 맛을 제공하고 있다고 한다. 시간 흐름과 무관하게 본래의 맛을, 추억의 맛을 간직하고 있는 월계수. 그 맛과 마음, 변치 않는 자세와 철학이 오래도록 이어지길.

"월계수 식당이 문을 열고 강산이 세 번 바뀔 만큼 세월이 흘렀지만 처음 시작했던 그 마음은 변함이 없습니다. 찾아주시는 손님들에게 정직한 식재료, 바른 음식으로 보답하겠습니다."

빈대떡과 수제비가 먹고 싶다면 대인동 박순자 녹두집에 가면 된다. 웬만한 광주 사람들은 다 아는 맛집이다.

옛 현대예식장 맞은편 골목에는 지금도 그렇지만 오래된 식당들이 많다. 세월이 흐름에 따라 가게들이 인근으로 이사를 가거나 리모델링을 하는 등, 크고 작은 변화는 있지만 맛만큼은 그대로다.

직장생활은 인고의 연속이다. 기분 내키지 않는다고 탈탈 털고 일어설 수 없는 게 직장이다. 속을 풀고 싶거나, 축하를 하고 싶거나, 아니면 혼자 조용히 스스로를 위로하고 싶을 때 찾았던 녹두집. 지금은 예전에 있던 곳에서 대인시장 쪽으로 한 골목 앞쪽으로 이전했지만 맛은 10년 전이나, 20년 전이나 여일하다.

사람의 미각처럼 보수적인 게 없는데, 그 극우적 보수의 입맛을 충족시키는 곳이 바로 녹두집이다. 사람들은 "수제비가 이렇게 맛있어도 되나?" "맛있는 수제비가 이렇게 싸도 되나?" "수제비가 이렇게 예술적이어도 되나?" 등의 반응을 보인다. 아니 그런 일상적인 반응만으로는 이곳의 진미를 다 표현할 수 없다. 날씨가 좋을 때 먹어도 좋고, 흐린 날 먹어도 그만이다. 눈이 오거나 바람이 부는 날도, 아니 날씨와 무관한 여느 날에 먹어도 "역시"라는 감탄사를 내뱉게 된다. 그것은 '전통 수제비 전문점'이라는 상호의 자부심을 보증하는 맛이다. 미역과 굴이 들어간 시원하고 담백한 국물 맛은 천하일미다. 조금 신 깍두기와 갓 버무려낸 겉절이를 얹어 먹어도 좋다.

여기에 뜨끈하고 쫀득한 녹두전까지 드셔보시라. 둘 이상 오면 게 눈 감추듯 먹기 십상이다. 입속에서 씹히는 얇게 썬 돼지고기 맛은 차원이 다른 식감을 준다. 녹두집이 문을 연 것은 지금으로부터 33년 전이다. 1987년 7월 20일, 당시 700원 가격으로 시작했다. "세월은 변해가지만 음식에 대한 맛과 열정은 변하지 않고 지켜가겠습니다"라는 글귀가 잔잔한 여운으로 다가온다.

지금까지 소개한 오래된 식당들은 전라도적이면서 보편적인 맛을 추구하는 노포들이다. 고향과 추억, 인심과 같은 원초적인 정서를 환기하는 곳이다. 잊을 수 없는 광주의 맛이자, 광주의 자랑이기도 하다. 노포 식당들이 세월을 건너 사랑을 받는 것은 내일도 똑같은 맛일 거라는 믿음을 주기 때문이다. 맛은 정직하다. 그것은 시간이 빚어낸 힘이기도 하다. 오래된 맛은 존재와 존재를 잇는, 다시 말해 세계와 세계를 잇는 근원적인 맛에 다름 아니다.

> 음식을 먹는다는 것은 저마다 고유한 존재의 본질과 세계를 만들어가는 행위다. 그 행위의 방식과 특성에 가장 큰 영향을 미치는 것은 그들이 태어나고 자라고 소통하는 사회의 모든 요소일 것이다.(중략) 타인을 이해하고 받아들이는 것은 그들과 함께 무언가를 먹는 행위에서 시작될 수 있다. 하지만 상대의 식문화에 대한 낯섦이 상대의 세계를 거부하게 만드는 주된 요인이 아닐까 싶다.
>
> – 박경은, 『성스러운 한 끼』, 서해문집, 2020, 8~9쪽

금용
COFFEE

금용다방

금용다방은 충장로 제일은행 골목 상가건물 2층에 있다. 상가건물이 금용이다. 그래서 붙여진 이름이다. 상가와 함께 다방이 시작됐다고 하니 40년이 넘었을 거라는 예상이다. 현재 이곳은 '반야심'이라고 스스로를 부르는 이가 운영하고 있다. 반야란 단단해서 변하지 않는 돌, 금강석을 뜻하기도 하고 '지혜'를 뜻하기도 한다.

그리 넓지 않지만 공간은 옛 다방의 구조와 분위기, 실내 장식, 인테리어를 그대로 간직하고 있다. 카페와 커피숍, 트렌드 식당들이 대부분인 충장로에 옛 다방이 있다는 것은 그 사실만으로도 이채롭다. 다방 안에 들어서면 생화 화분이 이편을 반긴다. 살아 있는 생명의 생동감과 쾌적한 기운을 느낄 수 있다.

스스로를 반야심이라고 불리는 주인장이 이곳 금용다방을 시작한 것은 1999년. 이전에도 다방이었으니, 금용을 찾는 손님들과 함께 나이를 먹어가는 셈이다. 과거 공직에 있던 분들이나 충장로에서 터를 잡고 사업을 했던 분들이 찾아온다.

"그분들은 제가 여느 때처럼 열심히 하는 모습을 보고는 힘을 내고 가십니다. 젊은 시절을 도청에서 근무하거나 충장로에서 직장생활을 했던 분들이 단골이지요."

물론 예전에 비해 이문은 거의 남지 않는다. 교통비 정도나 벌고 있다. 그럼에도 손을 떼지 못하는 것은 "하는 일 없이 집에 있는 것보다 활동하는 것이 좋기 때문"이다. 커피 외에도 전통차를 한다. 손님들의 기호에 맞춰

구기자(진도), 생강(전주 봉동), 유자(고흥) 등 좋은 재료를 엄선해 차를 만든다. 주인장의 손이 억새풀처럼 거칠 수밖에 없다. 그래도 찾아와주는 고객이 있어서 행복하다.

어쩌면 충장로에서 옛 다방을 발견한다는 것은 대도심 한복판에서 오일장을 만나는 것에 비할 수 있겠다. 끝없이 펼쳐진 사막에서 오아시스를 만나는 기분일 수도 있겠다. 오래된 식당이든, 오래된 다방이든, 누군가에게 그곳은 지나온 날의 소중한 한 페이지일 것이므로.

예술의 거리, 냄새는 시간을 거스른다

예술의 거리의 냄새는 과거와 현재 그리고 미래를 이어주는 시간적인 매개체이며 공간적인 매개체이기도 하다. 무엇보다 예술은 우리 인간의 삶의 중심에 있고 삶의 혁명적 변화를 품고 그 변화의 중심에 있다. 다시 말하면 예술은 유기체처럼 우리의 삶에 관여하고 있다는 것이다.

예술의 거리,
냄새는 시간을 거스른다

범현이

아버지를 생각한다. 기억 속의 아버지는 처음 떠올릴 때나, 마지막일 때도 그림 한 점을 들여다보는 모습이다. 출장을 다녀오거나 퇴근 후, 양복 안 호주머니에서 하얀 봉투를 꺼내면 영락없이 방바닥에 한 폭의 그림이 펼쳐졌다.

고등학교에 진학했을 때, 아버지는 더없이 기뻐하셨다. 이제 그림을 너도 자주 볼 수 있겠구나. 그림 볼 수 있는 근처의 학교가 최고지. 내 등을 두드려주던 아버지의 손길이 지금도 느껴진다.

도청 앞 회화나무가 있던 쪽문에서 토요일이면 퇴근한 아버지와 나는 자주 만났다. 충장로 1가 입구에 새로 문을 연 난다랑에서 사이폰 커피를 마셨고 우리가 가는 곳은 언제나 일정하게 똑같았다. 지금은 예술의 거리라

아프리칸아트
골동품
사고팔고 물물교환 됩니다
아프리칸아트
동·서양화
판매·매입
010-8619-5480

고 불리는 거리. 중앙초등학교가 있는 직선의 길이었다.

YMCA 앞의 횡단보도를 건너서 전일빌딩을 지나면 YWCA 앞에서 잠시 멈췄다. 유럽식의 건물형식도 이채롭지만, 건물 벽 이곳저곳에는 행사를 알리는 포스터가 빼곡하게 붙여져 있었다. 강연을 알리고, 기도시간을 알리고, 근처 문화예술회관의 전시와 회합을 알리는 내용들이 다수였다. 바로 앞에는 공무원시험을 준비하는 고시학원들과 검정고시를 공부하는 학원들이 즐비했다. 광주경찰서가 있는 사거리쯤에 이르면 예술의 거리 초입이었다. 가장 먼저 눈에 띄는 곳은 한 평도 안 될 것 같은 도장 파는 집이었고, 춘추서림과 학문당이 있었다. 그리고 이어서 표구점과 화랑들이 즐비하게 자리하고 있었다.

화랑마다 들어가면 주인들이 아버지를 반겼다. 오늘은 무슨 그림이 있나요. 여식에게 보여주고 싶어서 같이 왔어요. 그리고 우리 앞에는 그림이 바다처럼 펼쳐졌다. 남농과 소치와 의재, 아산과 석성, 그 밖의 남도의 산하를 그린 산수화들이었다.

서예는 이해가 어려웠다. 정자(正子)로 쓰인 해서(楷書)는 그나마 띄엄띄엄 한자를 읽을 수 있었지만, 전서(篆書)나 행서(行書)는 문자그림으로 보였다. 해서를 겨우 읽었다고 해도 뜻을 알지는 못했다. 대부분이 『논어』의 한 구절이거나 『채근담(菜根譚)』이었다. 때때로 비문을 탁본한 먹물 가득한 검정의 희미한 한문들을 볼 때도 있었다.

아주 가끔 예술의 거리에서 벗어나 서점을 찾기도 했다. 도로를 건넌 후에 자연스럽게 들어선 곳은 녹두서점이었다. 난 박경리의 『토지』 5권을, 아버지는 손바닥 크기인 법정 스님의 『무소유』를 구입했다. 이 책들은 지금도 내 서가에 꽂혀 있다.

아버지와의 예술 걷기 마지막은 남도문화예술회관의 전시실이었다. 현재의 상무관 바로 옆에 존치했던 그곳엔 일 년 내내 전시와 공연이 열렸다. 1층 전시실에서 그림 관람이 끝나면 아버지와 나는 버스를 타고 집으로 돌아왔다.

아시아문화전당이 건립되면서 남도문화예술회관은 사라졌다. 처음부터 그곳에 아무것도 없었던 것처럼. 그리고 우리의 후 세대들은 그곳에 무엇이 있었는지 알지 못한다. 다만 기억으로 내게 남아 있을 뿐.

예술의 거리_ 원래 이름은 궁동(弓洞)

현재의 예술의 거리는 1950년대부터 형성되었다. 전라남도청, 광주지방법원, 농협, 검찰청, 광주경찰서 등 관공서가 집결해 있어서 자연스럽게 사람들의 왕래가 잦아 문화예술의 형성은 당연했다.

예술의 거리라는 이름으로 불리기 전에는 '궁동(弓洞)'이라고 했다. 그림을 사고팔고 전시하는 가게들이 즐비한 거리가 궁동인 이유를 아버지는 설명해주셨다.

궁동(弓洞)은 고려 시대 광주 읍성이 있던 곳이다. 이곳에는 활터가 있었다. 활터가 있었으니 풍류와 문인화로 유유자적하는 예인(藝人)들이 당연히 모여서 시(詩)와 서(書), 화(畵)를 즐겼을 것이다.

일제 강점기를 거치는 동안 광주 읍성은 허물어지고 활터가 있던 궁동도 사라졌다. 광주법원과 동구청, 전남도청이 들어서면서 이 일대는 관가(官家) 사람들의 휴식처이자 문화공간으로 서서히 탈바꿈해갔다.

1900년대 이곳은 막걸리 골목이었다고 전해진다. 예술의 거리 중간쯤에는 이름으로만 전해지고 있는 화천기공사 공장이 있었고, 하루 노동을 끝낸 노동자들이 퇴근 후 즐겨 마시던 막걸리 집이 즐비했었고, 이곳을 찾는 예술인들과 함께 막걸리 파티가 벌어지고 했었다. 시간이 지나서 주변의 광주여고와 전남여고, 조대여고 등의 여학교에서 가정시간에 배우는 수예 표구가 유행을 불러일으켜 표구점이 즐비하게 문을 열기도 했다. 이 표구점들은 예술의 거리 화랑의 전신이 되었다.

예술의 거리 원형을 이해하기 위해서는 광주의 근·현대 미술화단의 계보도 알아야 할 필요성이 있다. 남도 화단을 이끈 소치 허련을 시작으로 남농 허건과 석성 김형수 등과 이들은 다시 연진회로 대표되는 의재 계열과 남농 계열의 아산 조방원, 희재 문장호로 이어지면서 한국화 특히 남종화의 대표로 이름 지어진다. '예향의 도시' 광주로 불리게 된 것은 두 계열의 영향이 절대적이라고 할 수 있다.

서양화로는 일본 유학파였던 오지호를 선두로 배동신, 강용운, 양수아 이 세 사람을 광주 서양화 화단의 1세대로 불리고 곧이어 2세대가 등장하는데 지금은 모두 작고한 최종섭, 임직순, 진양욱이다. 이어서 3세대인 강연균, 우제길, 황영성, 오승윤이 등장하는데, 예술의 거리에 들어서면 화랑과 갤러리에서 이들의 작품을 만날 수 있다.

기억 속 예술의 거리

대학에 들어온 후 예술의 거리에서 아버지와 함께하는 시간이 줄었다. 1981년. 고3의 5월. 중간고사 기간에 광주항쟁을 직접 겪은 후였으니 대학 시절은 질풍노도의 시간이었다. 매일매일 최루탄과의 전쟁이었고, 예술의 거리는 이미 멀리 있었다. 아버지의 권유로 미술대학에 진학했으니 그림을 그려야 했음에도 불구하고 당시의 내겐 그림은 일종의 사치로 여겨졌다. 광주시민이 국가폭력과 독재자가 내두른 총과 칼에 죽어가는 마당에 그림이 무슨 의미가 있겠느냐 싶었다. 보도블럭을 깨고 가로수의 지지대를 뽑아 백골단을 향해 휘두르며 도청 앞과 거리에서 살았다.

그런 내가 다시 붓을 잡은 것은 그림의 역할이 있다는 것을 깨달은 후였다. 그림이 기층민중을 상징하는 깃발이 될 수 있다는 것. 그림이 군중들의 목소리를 대변할 수 있고, 그림으로 이 시대를 표현하고 상징할 수 있다는 것은 경이로움이었다.

다시 붓을 들었을 때, 내가 아닌 '우리'였음은 더 말할 나위도 없다. 우리는 붓을 들고 물감이 아닌 페인트를 사용해 걸개그림을 그렸고, 누구라도 요청해오면 밤새 작업을 했다. 완성된 그림은 거리의 곳곳에서 민중을 대변하는 현수막과 깃발로 펄럭였다. 마땅히 그림이 해야 할 몫이라고 여겼다.

아버지는 데모가 있는 날이면 운동화를 들고 학생들이 모이는 길목에서 서성였다. 멀리서 아버지를 발견하면 난 어느 틈엔가 골목으로 숨거나, 친구들의 등 뒤로 머리를 숨겼다. 친구들이 아버지를 먼저 발견하면 먼저 아버지에게 눈인사를 건넸고 나는 멀리서 아버지를 바라보았다.

예술의 거리의 화랑과 서점들은 곧잘 셔터를 내렸다. 최루가스를 피해 달려오는 우리를 발견하면 실내로 들이고 셔터를 닫아걸었다. 우리는 셔터가 내려진 가게 안에서 밖이 잠잠해지길 기다리며 주인과 가만가만 이야기를 나눴다. 기억 속에 자주 숨었던 가게는 지금은 사라지고 없다. 예술의 거리 중앙에 자리하고 있었던 주차장은 원래 세탁소가 있었다. 작은 세탁소였는데, 우리는 그곳으로 자주 숨어들었다. 고등학교 때 찢어진 체육복을 깁거나 교복의 흰 카라를 수선해주는 곳이었는데, 얼굴을 익히 알고 있었기 때문에 최루탄과 같이 우리가 뛰어들 때마다 주인은 혀를 끌끌 찼다.

데모가 없는 날은 예술의 거리를 친구들과 걸었다. 유산층의 산물이라고 여기던 정물화를 그리고 싶었고, 모델을 앉혀두고 인물화도 그리고 싶었다.

광주항쟁만 겪지 않았다면, 항쟁이 우리의 삶을 직선으로 통과하지 않았다면, 시대가 그림을 그릴 수 있는 평온과 자유를 주었다면 나는 대학의 실기실에 앉아 표현주의와 아방가르드를 논하며 정물화를 그리고, 사생을 즐겼을 것이다. 하지만 국가폭력의 상징인 광주항쟁은 이십대의 삶을 모조리

바꿔버렸고, 그것은 이미 돌이킬 수 없을 만큼 삶을 지배하고 있었다. 국가 폭력과 자국민의 살상에 저항한 우리를 폭도로 단정해버리고 북에서 온 간첩으로 몰았을 때 우리가 할 수 있는 일은 그들을 향해 우리의 목소리를 내고 보도블록을 깨서 던지는 것뿐이었다. 그게 우리의 일상이었다. 색깔에 대한 갈증은 다시 말해서 너무나 멀리 있는 신기루 같은 것이었다.

늘 막연했다. 어떻게 민중의 삶을 형상화 시키고 목소리를 담을 것인지 토론하고 고민했다. 그럴 때 우리가 할 수 있는 최선은 예술의 거리에 있는 책방을 찾는 일이었다. '학문당'과 '춘추서림'이었다.

학문당은 1980년대 초반에 문을 열었다. 단일 미술 서적 서점으로는 전국 최초라고 했다. 우리는 이곳에서 제3세계의 벽화 그림이 실린 책을 구해 보았다. 또, 독일의 전쟁 상흔을 치유의 미술로 끌어낸 케테 콜비츠 그림을 처음 본 것도 학문당이었다. 단행본을 본 기억은 없다. 누군가가 어떤 책의 어딘가에 무엇이 있다는 이야기를 하면 우리는 우르르 서점으로 몰려가 목적한 바를 찾기에 바빴다. 한 권을 사면 대학 앞의 복사 집을 찾아가 몰래 몰래 복사를 했고 기쁨에 들떠 전리품처럼 나눠 가졌다.

춘추서림은 아버지가 자주 찾았던 서점이다. 읽을 수도 없었던 일본 책들이 즐비했는데, 일제 강점기에 초등학교를 다녔던 아버지는 곧잘 일본 책들을 구입해서 읽었다. 나는 이곳에서 일본어로 된 손바닥 크기의 마르크스의『자본론』책 표지를 보았다.

현재 예술의 거리 원불교 앞에는 석당화랑이 있다. 박당화랑은 주차장을 지나면 바로 만날 수 있다. 1981년에 문을 열었으니 40년이 넘었다. 표구점으로 출발한 석당화랑은 현재는 그림을 주로 사고파는 전문화랑으로 자리하고 있다.

좀 더 걸으면 원 갤러리가 있었다. 원 갤러리는 광주에서 최초로 문을 연 갤러리다. 1979년에 처음 문을 열었으니 박희재 관장은 예술의 거리의 살아 있는 역사이자 박물관이다. 박 관장을 만나면 예술의 거리의 지난한 옛이야기를 들을 수 있다. '둥근원(圓)'이란 뜻으로 원 갤러리는 큰 뜻을 품으며 시작한다는 함축성을 가졌다고 했다.

상업화랑의 등장과 예술의 향연

예술의 거리를 걷는 것은 즐거운 일만은 아니다. 오래전 융성했다가 사라져버린 전문점들을 떠올려야 하고 이곳을 떠난 이들은 어디서 무엇을 하고 있을까도 생각하게 한다. 하지만 우리는 기억하기 위해 이 길을 걸어야 한다. 눈에 보이는 건물 뒤로 빼곡하게 들어서 있는 도시의 뒷골목처럼 예술의 거리에도 눈에 보이지 않은 전문점들과 이젠 사라져버린 전문점들이 있었다.

광주에 본격적인 상업화랑이 문을 연 것은 1977년부터이다. 가장 먼저 문을 연 것은 현대화랑이었고, 두 번째는 원 화랑이다. 현대화랑은 전남일보(현 광주일보) 기자였던 장상렬이 예술의 거리 원불교 건너편에 문을 열고 전시를 기획했다. 이곳에서는 당시 30대 후반이었던 강영균, 황영성

화가들의 전시를 비롯해 오지호, 임직순 등 서양화 1세대들의 전시를 개최했다. 현대화랑은 약 7년 동안 굵직한 전시를 열었으나 결국은 문을 닫고 서울로 자리를 옮겼다. 두 번째 문을 연 곳은 원 화랑(대표 박희재)이었다.

세 번째 문을 연 화랑은 남경화랑이다. 이곳 역시 전남일보 기자 출신인 김석학이 1981년에 〈여교수4인전〉으로 문을 열었다. 의욕적인 활동을 했지만, 이곳 역시 2년여 만에 문을 닫았다.

1980년, 백제화랑(대표 이범규)은 황금동의 여명반점 옆에서 문을 열었고 1988년에는 예술의 거리로 이사를 했다. 2000년 북구 문화의 거리가 조성되면서 3년여 옮겨갔다가 다시 예술의 거리 현재의 위치로 되돌아왔다. 백제화랑은 그동안 서울 롯데백화점 갤러리에서 〈운림산방4인전〉, 잠실 롯데갤러리에서 〈동서양화10인전〉, 〈고서화 전〉 등을 통해 호남지역의 한국화가들의 작품을 서울에 소개하는 역할을 했다.

1986년, 국보화랑(대표 김명규)이 개업했다. 〈청강 김영기 전〉을 시작으로 2000년대 중반까지 활동했으나 현재는 문을 닫았다. 갤러리K(대표 이신숙) 역시 1989년 문을 열고 강연균, 김홍남, 김종수, 김종일, 국용현, 양인옥, 오승윤, 우제길, 정승주, 황영성 등을 초대해 초대전을 열었으나 1992년에 폐관했다.

1990년대 들어서면서 예술의 거리는 활기에 넘쳤다. 화랑들이 앞다투어 입성하고 한국화는 주문을 넣을 정도로 매매가 활성화했다. 화랑과 갤러리들은 예향의 도시인 광주에서 당연한 일이라고 여겼다.

1990년대 초 쌍인화랑(대표 조영진)도 문을 열었다. 쌍인화랑은 이 지역에서 최초로 한국화랑협회에 가입해 활동했다. 주로 서울의 유명작가들을 광주로 초대해 전시회를 열었고 동경 아트페어, 요코하마 트리엔날레 등을 견학하는 등 활발한 활동을 벌였으나 2000년대 초에 대표가 세상을 뜨면서 문을 닫았다.

무등방갤러리(대표 고복순)도 문을 열었다. 원래는 고가구를 취급하던 곳이었으나 1989년부터 본격적인 상업화랑으로 변신했고, 〈강종렬 초대전〉을 시작으로 1990년대 중반까지 꾸준히 기획전을 열었다. 광주은행 남부지점 건너편에 자리하고 있었으나 아시아문화전당 건립으로 도로가 확장되면서 문을 닫았다.

1991년에는 아그배갤러리(대표 최준)가 동명동에 문을 열었다. 오픈과 동시에 서울에서 활동하는 작가들을 초대해 전시를 개최했으며, 2000년대로 넘어오면서 인기작가들의 단골 전시장소로 알려졌다. 갤러리 대표가 갑자기 세상을 떠나면서 1995년 문을 닫았다.

1993년에는 장동 복개도로 옆에 청록갤러리(대표 최원철)가 문을 열었다. 상당한 재력가였던 대표는 서울 등지에서 좋은 그림들을 구매해 전시를 개최했으나 3년여 만에 세상을 떠나면서 결국 갤러리는 문을 닫았다.

1994년에는 나인갤러리(대표 양승찬)가 예술의 거리에 문을 열었다. 상업화랑을 전격적으로 표방한 양 관장은 양수아 작가의 아들이었다. 첫 기획전을 시작으로 국제전시 참여에 불모지였던 광주전남의 화단에 활기를 불어넣었다. 국제전시 참여는 물론 2006년부터 뉴욕, 베이징, 상하이, 일본, 싱가포르 등지에서 개최된 국제아트페어에도 참여하여 지역의 화가들을 국제 무대에 선보였다.

예향 화랑(대표 김용배)은 1986년 화정동에서 처음 문을 열었고 1993년 예술의 거리에 정주하기 시작했다. 액자공장과 화랑을 병행했으나 2000년 현재의 건물을 건축하고 본격적인 상업화랑의 형태를 갖추었다. 〈최쌍중 드로잉전〉과 〈임종두 작품전〉 등 굵직한 기획전으로 화랑의 존재를 알렸다.

꿈엔들갤러리(대표 강기섭)도 있다. 원래는 컬렉터였으나 2000년 예술의 거리에 문을 열고 2011년 문을 닫았다. 특별한 기획전을 열지는 않았다.

광주화랑(대표 박종환)은 1989년 현재의 아트타운 자리에 문을 열고 1990년에 현재의 자리로 이전했다. 주로 동서양화를 판매하는 일을 하고 있다.

박당화랑(대표 박환승)은 1967년 동양미술표구사로 문을 열었으며 1981년 예술의 거리 아트타운 자리에 박당화랑이란 이름으로 개업을 했으며 1990년부터는 본격적인 상업화랑으로 활동을 시작했다.

궁전갤러리(대표 윤양옥)도 1970년 표구점으로 문을 열었으며 세종미술관으로 개명했고 1987년 예술의 거리에 대관 전문과 기획전을 개최하면서 궁전갤러리를 오픈했다. 이곳에서는 〈남도서단의 오늘〉 등 굵직한 기획전과 초대전을 개최했다.

초대화랑(대표 임해택)은 1977년 대의동 보성건설 사옥 옆에 표구점으로 개업했다. 1980년 현재의 위치로 이전하면서 상업화랑으로 변신했다. 초기

救得道
正靈會
光州本部

sky
Design
미술학원
원갤러리
18-2

에는 주로 한국화를 취급했으나 현재는 동서양화를 함께 판매하고 있다.

백년갤러리(대표 이병휘)는 1992년 예술의 거리로 이사 오면서 상업화랑으로 변신했다. 오픈전시로 〈남도의 정서와 풍토전〉(박은용, 박문종, 임종두, 하와현)을 개최했으며 〈우리시대 우리땅〉전 등을 기획했다. 현재도 예술의 거리에서 왕성한 활동 중이다.

살아 있는 역사_ 원(圓) 갤러리 박희재 관장

정확히 기억한다. 1979년 2월 22일 엄청나게 많은 비가 쏟아지던 가운데 화랑으로 첫 문을 열었다. 고금당이란 화랑이 있던 자리였다. 고금당은 박당화랑이 되었고, 고금당에서 이사한 두 번째 위치인 현재의 돌실나이 자리에서 다시 현재의 원화랑 위치로 이전 후 원 갤러리가 되었다.

수많은 사람과 화랑과 표구점들 사이로 시간이 지나갔다. 예술의 거리의 흥망성쇠를 보았고, 그 모든 것을 기억하고 말하는 살아 있는 역사서가 되었다.

모든 것을 기억하고 입을 열어 말해주기를 주저하지 않는다. 흘러간 시간 속의 사람과 사람들과의 관계에서부터 예술의 거리에서 있었던 아픈 과거와 사건까지 이야기보따리가 화수분처럼 흘러나온다. 광주전남의 굵직한 화가들이 이곳에서 전시를 열고 사람들과 어울렸다. 오승윤, 오지호, 의재 허백련 등 이 지역의 굵직한 획을 그은 화가들의 생전의 모습과 그림들을

기억하고 있는 유일한 장소이기도 하다.

원 갤러리의 시작은 화려하고 멋졌다. 온통 흰색으로 고급스럽게 치장한 갤러리의 내부는 당시의 최신식이었고, 전시 대관을 위해서 일 년 전에 미리 예약을 해야 했다. 전시 오픈이 있는 날이면 예술의 거리는 화려한 옷차림의 사람들이 모여들었고, 전시에서 오랜만에 만난 화가와 지인들은 밤새 자리를 뜨지 못하고 막걸리 추렴을 하며 예술의 거리를 누볐다. 노래를 부르고 즉석에서 춤을 추기도 하고 퍼포먼스처럼 그림도 그렸다.

갤러리의 천장을 쳐다보고 문득 놀란다. 천장의 하얀색 페인트가 가뭄 속에 논바닥이 갈라지듯 모두 갈라져 있었다. 시간은 모든 것을 변화시키며 노화하고 있었다. 모든 것이 빠른 속도로 과거로 돌아가고 있었다. 1970년부터 1990년대 초반의 예술의 거리는 융성했으나 현재는 원 갤러리의 천장처럼 빠르게 쇠퇴해가고 있었다.

융성했던 예술의 거리에는 화가들이 넘쳤다. 거리에 들어서면 약속을 하지 않아도 어느 사이에 궁금해하던 화가들과 자리를 함께하고 있었다. 누가 혹은 지인의 소식이 궁금하면 화랑이나 갤러리에 들러서 문안 인사를 남겨두고 다음 방문에서 화답을 받으면 되었다. 한국화를 펼쳐두고 진위여부를 논하고 화법에 대해 서로 의견을 나누었다.

1990년 초입에 들었을 때 미술시장은 확실한 변화를 겪었다. 미술대학에서 쏟아져 나온 화가들로 인한 현대미술, 즉 서양화에 대한 사람들의 관심이었다.

한국화에 관심이 폭증할 때 사람들은 서양화가인 오지호를 몰랐고, 천경자도 몰랐다. 원 갤러리의 박 관장은 한국화가 호황이던 시절 이중섭 그림과 오지호, 박수근의 그림을 십만 단위로 판매한 기억이 있다고 말했다. 서양화가 한국화를 잠식한 것은 순간이었다. 미술대학을 졸업한 화가들의 전시가 예술의 거리에 잇달아 열리면서 어느새 거리는 젊은 화가들로 넘쳐나기 시작했고, 도제교육으로 그림을 익힌 나이 든 화가가 대부분이었던 한국화는 빠르게 쇠퇴해갔다. 심지어 아파트가 건축되어 주거공간이 한옥에서 시멘트문화로 옮겨지면서 한국화는 고루하며 아파트의 내부 공간에 어울리지 않는다는 의식이 팽배해져 갔다.

원 갤러리는 현재도 여전히 전시 중이다. 40년이 넘는 세월 동안 했던 일이니 당연하다. 쉬는 일도, 문을 열지 않은 날도 없었다. 전시기획과 대관, 그리고 소장품 전시까지 원 갤러리는 살아서 활동하는 생물로 여전히 그 자리에 존재한다.

한국인 최초 운영 표구점에서 예술의 거리 최초 표구점까지

1973년, 19살부터 표구 일을 시작했다. 석당화랑의 이석재 대표의 이야기이다. 예술의 거리의 변천사를 알려면 석당화랑으로 가라는 말이 있을 정도로 거리의 살아 있는 증인이다. 오래된 역사만큼이나 화랑 내부는 촘촘하게 기억을 소환하고 있다.

해방 이전 광주에는 세 곳의 표구점이 있었다. 두 곳은 일본인, 한 곳은

석당화랑
고급표구, 서화매매
마스크 미착용시
입장 불가합니다.

한국인이 운영했다. 한국인 표구점은 전일빌딩 뒤에 위치한 선명당이다. 이 선명당의 주인이 원고당을 운영했던 선정태의 이숙이었다. 선정태는 이숙에게 표구를 배워서 원고당을 오픈한 것이다. 당시의 표구는 틀 제작, 배접 등의 전 과정을 혼자서 해내야 했고 기술습득이 쉽지 않았기 때문에 표구하는 사람을 표구사(表具師)라고 존칭했다.

1950년대 대표적 표구점으로 춘산당, 완벽당, 원고당, 석호당, 삼보당, 경운당이 있었다. 춘산당은 1950년 문을 열었으며 현재 박당화랑 박환승 대표의 이종 고숙이다. 일본인에게 표구를 배웠고 만주에서도 표구 일을 했다고 했다.

12살부터 이종 고숙에게서 표구 일을 배운 박환승 씨가 문을 연 곳이 박당화랑이다. 그가 최고의 실력으로 인정받는 분야는 남종화를 보고 해석하는 안목이다. 그는 어려서부터 이종 고숙이 감정하는 것을 보고 자랐다. 서울에서는 남도 화가들의 그림을 정확하게 볼 수 있는 안목이 부족했기 때문에 그는 남도의 그림을 읽고 진품 감정하는 일을 현재도 하고 있다.

완벽당은 1950년 현재 광주세무서 자리 건너에 연진회와 함께 있었다. 한약 제조를 할 줄 알아서 영사 선생으로도 불리던 완벽당의 주인은 최원태였다.

원고당은 간판 없이 충장로 4가 포목 집을 하던 이모 집에서 운영했다. 6·25전쟁 직후인 1950년대 초기에 선정태가 운영했으며 1953년에 예술의 거리로 자리를 옮겼으니 예술의 거리 최초의 표구점이 되었다.

석호당은 석호 김안식(서양화가 김평준 부친)이 1950년대 장흥에서 표

구점을 운영하다가 1950년대 후반 예술의 거리로 이사 오면서 문을 열었다. 이곳에서 현재 박당화랑을 운영하는 박환승 대표와 부산화랑을 운영하는 문순봉 씨가 일했다.

산수당표구점은 경운당에서 일을 배운 박백순이 1971년 동부서와 원불교 사이에서 문을 열었다가 1980년대 초에 현재의 위치에 자리를 잡았다.

부산화랑은 1975년 문순봉이 현재의 위치에 문을 열어 지금까지 활동 중이다.

산수당화랑은 부산에서 일을 배운 백행호가 고향으로 돌아와 1976년 오픈했고 현재도 왕성한 활동 중이다.

한때 예술의 거리에는 10여 개의 표구점이 있었다. 한국화가 융성하던 시절인 1970년대부터 한 집 한 집이 모여서 표구의 거리를 만들었다. 의재와 남농 계열의 수많은 한국화가들이 서화와 문인화, 한국화를 들고 이곳을 찾았다. 가져온 한 장의 크고 작은 그림들은 풀을 먹이고 물을 뿌려서 배접하고 족자로 만들어지거나 액자에 넣어졌다.

표구(表具)는 그림의 뒷면이나 테두리에 천이나 종이를 발라서 보관과 미적인 범위를 넓히는 일이다. 표구하는 사람의 안목이 필요하다는 방증이다. 그림의 형태와 재질에 따라 사용하는 천과 배접지의 사용에 미적인 소양이 필요하다는 이야기이다. 그런 의미에서 석당화랑은 표구를 맡긴 사람들에게 아낌없는 찬사를 받았다.

여고생들은 가정 수업시간에 수놓은 수틀을 가져와 이곳에서 풀을 붙이고 배접을 해서 베개를 만들어 사용했고 손가방을 만들어 들고 다녔다. 어디서 표구를 했느냐에 따라서 가정 과목의 실기점수가 오르내렸다. 여고생들은 정보를 교환했고, 근처의 전남여고와 광주여고를 넘어서 광주 전역에서 이곳을 찾아왔음은 두말할 나위가 없다.

남농 허건과 의재 허백련, 아산 조방원 선생의 그림들이 세월에 무심하게 벽에 걸려 있다.

예술인들의 보고(寶庫)_ 학문당, 춘추서림, 아트타운

시간은 모든 것을 변형시킨다. 종이에 인쇄된 활자를 읽는 시대가 지나가고 있다. 디지털 시대를 정확히 몸에 익히기도 전에 손가락으로 그림을 그리고 책장 넘기는 소리를 들으며 전자책을 읽는 데 익숙한 현실이 되었다.

한편에서는 오래된 종이책을 사들이고 중고서점이 유행처럼 문을 열기도 한다. 당시 출판 가격보다 훨씬 치솟는 금액으로 오래된 책을 사들이고 한편으로는 침대에 길게 누워 전자책장을 넘기며 책을 읽는다. 이 모든 것은 멀리 있는 이야기가 아니다. 지금을 살아가고 있는 우리 모두의 이야기이다.

예술의 거리에서 가장 반가운 것은 광주 예술의 지성을 말해주고 있는 서점이었다. 지금은 상호만으로 명맥을 유지하고 있는 춘추서림, 예술 서적을 모아 판매하는 학문당, 미술서적상을 거쳐 예술서점을 연 아트타운이다.

춘추서림이 예술의 거리에 문을 연 것은 60년 전이다. 일제 강점기 때 서점에서 일한 것이 계기가 되어 1960년에 독립해서 춘추서림을 운영하게 되었다. 처음에는 가톨릭센터 뒤에 있는 자리에서 서점을 열었다. 동부경찰서 앞 위치로 이사를 한 것은 1988년이다. 주로 일본 관련 서적을 취급했다. 일본에서 직수입한 학술서적과 일본 잡지, 만화, 일본소설이 찾는 이가 많아서 그때만 해도 인기가 좋았다. 시간이 지나면서 전 세계 모든 분야의 외국 서적을 취급했다. 주로 국내에서 구매할 수 없는 학술서적을 판매했고, 구입할 수 없는 책들은 원하는 이가 있다면 직접 구해서 판매했다. 서점 대표인 이금영 씨는 문학에도 열정이 많아 고(故) 문병란 시인의 가르침으로 희수(77세)를 넘긴 나이에 문단(시 부문)에 등단했다. 책 보는 시간이 많아지고 문학 서적을 가까이하다 보니 자연스러운 결과물이라고 했다. 현재 춘추서림은 명맥만 존재한다. 중앙초등학교 정문 앞의 광주마당 건물의 지하에 '춘추서림'이란 간판만 남았다.

학문당(대표 안명원)은 예술의 거리에서 사랑방 같은 역할을 했다. 이 지역에서 미술서점의 대명사였다. 1970년 충장로 광주우체국 맞은편 2층에서 처음 문을 열었다. 1980년대 초 영흥식당 2층으로 이사를 하면서 학문당이란 서점이 되었다. 이사하기 전까지는 화가와 미술대학 학생들을 찾아다니는 움직이는 서점이었다면 영흥식당 2층에서 1985년 예술의 거리 석당화랑 건너편에 자리를 잡으면서 정주공간이 생겼다. 1층에는 서점을, 2층에는 미술자료실을 운영함으로써 예술의 거리 사랑방 역할을 해냈다. 이때가 학문당의 최고의 전성기였다. 미술대학생들이 늘어났으며 엄혹한 시기

속에서 제3세계 미술과 외국의 현대미술에 대한 사람들의 호기심과 궁금증이 최고치로 증폭되었기 때문이었다. 1997년 예술의 거리 뒤편인 구 문화방송 사옥 뒷골목으로 건물을 지어 옮겼으나 3개월 만에 IMF가 닥치면서 학문당은 경제적인 어려움에 직면했다. 2005년 다시 예술의 거리 동명틀방 앞으로 옮겨왔으나 어려움은 여전했다. 현재는 예술의 거리를 떠나 광주고등학교 근처에서 학문당을 운영 중이다.

예술서점 아트타운은 1996년 장동 로터리에서 처음 문을 열었다. 광주시립미술관에 아트숍을 운영하기도 했고 충장서점과 산수동에서 서점을 운영하기도 했다. 2009년 예술의 거리로 옮겨와 아트타운으로 다시 문을 열었다. 현재는 미술 전문서점과 아트상품을 동시에 판매하며 예술의 거리를 지키고 있다.

그림의 시작과 끝_ 액자가게와 필방과 화방

그림이 사람이라면 액자는 옷이다. 화방에서는 온몸을 상징할 재료를 주고 액자가게에서는 재료가 활성화된 몸에 근사한 옷을 입혀준다. 나아가 조명을 비춘다면 그것은 화려한 화장으로 비로소 한 점의 그림이 사람들 앞에 나설 준비를 마친다. 물론 액자를 만들지 않고 캔버스 그대로 사람들 앞에 선보일 때도 있지만 특별한 경우일 것이다. 화가들은 자신의 낯선 얼굴을 사람들에게 그대로 보이지 않는다. 최소한 옷을 입히고 어울리는 색을 더해 전시라는 형식으로 사람들을 맞는다.

한국화에서 절대적으로 필요한 것은 종이, 즉 한지(漢紙)이다. 좋은 그림을 그리기 위해서 화가들이 가장 욕심을 내는 것 또한 한지이다. 덕성한지필방은 30년이 넘은 세월 동안 예술의 거리에서 우리 종이인 한지를 판매했다. 전국에서 가장 많은 종류의 한지를 취급하고 있다는 소문도 자자하다. 한지의 우수성은 더 말할 필요도 없다. 오래 두어도 썩지 않고 오히려 발색이 더 좋아지는 특성을 가졌다. 고래로부터 우리 한지는 천년을 간다고 했다. 닥나무와 뽕나무의 섬유질 등 천연 재료로 만들어지기 때문에 한지는 자연이 가지는 질감이 살아 있다. 전통적인 한지 제작 방법은 곱고 질기며, 마치 살아서 숨 쉬는 듯한 생명력을 느끼게 한다. 한지는 추운 겨울에 차가운 맑은 물로 만들어지면서 섬유질을 더 탄탄하게 조여주어 종이 자체에 힘이 있다. 미생물의 번식을 억제하는 것은 물론이고 매끄럽고 광택마저 지녀서, 일반 양지와는 다른 고유한 특성을 가졌다. 덕성한지필방에서는 우리 종이와 더불어 다양한 붓들도 판매, 취급한다. 무형문화재인 장인이 만든 명품 붓에서부터 중국산 연습용까지 다양하다.

전주필방(대표 백태석)은 1982년에 문을 열었다. 십여 명의 직원들이 자체공장에서 수제로 만들어 낸 한지를 판매했다. 한국화가 융성했던 당시만 해도 한지를 만드는 곳이 적어 한지는 수요를 맞추기 힘들 정도로 팔려나갔다. 하지만 중국산이 저가로 수입되면서 수제 한지 공장은 문을 닫았다. 지금은 원주와 전주에서 한지를 가져온다. 전주 합죽선과 담양산 부채도 함께 취급한다. 전주필방의 보물은 소천 붓과 다양한 형태의 연적들이다. 소

천 붓은 전남 여수에서 거주하며 전통 삼대를 잇고 있는 명필장 소천 채태원 명장이 만든 붓이다. 서예가, 한국화가, 문인 화가들이 욕심내는 붓이라고 할 수 있다. 1985년, 소천 채태원 명장이 한지를 사기 위해 전주필방을 찾은 이래로 지금까지 소천 붓을 생산, 판매하고 있다.

보림필방은 무형문화재 4호 필장(춘당 문상호)이 운영하는 곳으로 붓을 판매한다. 문을 열고 들어서면 가게 안에 붓이 가득하다. 순식간에 쇠락의 길을 걷게 된 붓은 한국화의 몰락과 맥을 같이한다. 크고 작은, 각종의 붓이 쓰임새를 잃었지만, 일반인들의 관심 밖과는 달리 서예가, 한국화가, 문인 화가들의 붓 사랑은 여전하다.

보림필방은 1992년 문을 열었다. 1968년 전남 장흥에서 광주시 백운동으로 이사를 왔다. 당시 백운동에는 붓을 만드는 공방이 30여 곳이 있었는데 세 들어 사는 집이 붓을 만드는 곳이었다. 어깨 넘어 붓 만드는 과정을 익힌 것이 붓과의 첫 인연이다. 지금은 무형문화재 4호 필장이자 대한민국 붓 제작 기능전수자다. 가장 자랑스러운 것은 2000년 광주시의 대표로 청와대에서 김대중 전(前) 대통령에게 받은 표창장이다.

명미화방은 중앙초등학교 정문 근처에 있다. 1973년 문을 연 백제화방을 경영하다 1999년 명미화방을 인수해서 운영했다. 형이 운영하던 명미화방을 동생에게 전수해서 경영하면서 명미화방 상호를 그대로 사용하고 있다. 예술의 거리에서 가장 오래된 화방인 명미화방은 예술의 거리 변천사를 그대로 품고 있다. 40여 년을 화방을 운영하면서 우여곡절도 많았으나 현재는 액자제작과 판매를 전문으로 하고 있다.

예술의 거리 중앙에 자리한 미림화방은 언제 가도 낯익은 화가들을 만날 수 있다. 아름다울 미(美)와 수풀 림(林)이란 이름은 아름다운 예술의 숲으로 자라길 바라는 마음이 담겼다. 40여 년이 넘어가는 세월 동안 미림이란 이름은 그대로 둔 채 주인이 바뀌었다. 액자전문점이 되었다가 현재는 미술전문 재료를 판매하는 화방으로 바뀌었다. 지금도 여전히 예술의 거리에 나오는 화가들은 이곳에 들러서 안부를 전하곤 한다.

예림화방은 3년 전 이사했다. 전남여고 앞 육교 앞쪽에 건물을 지어 이전한 예림화방은 늘 북적이는 것으로 유명하다. 1986년 예술의 거리에 화방으로 문을 열었으니 40여 년이 다 되어가는 시간이다. 그림을 좋아하던 조규남 대표는 좀 더 그림과 가까이 있고자 하는 생각으로 화방을 시작했다. 광주에서 가장 다양한 재료를 만나고 구입할 수 있는 곳. 언제 가더라도 친절하고 재료에서부터 액자까지 한 번에 모든 것을 해결할 수 있는 곳이 예림화방이다. 전시를 앞두고 시간이 없을 때, 급하게 액자를 제작해야 할 때 정확히 시간을 지켜주는 조 대표에게 고마움을 전하는 화가들이 많은 이유가 되겠다.

동명틀방(대표 이규상)은 원불교 정문 앞에 자리해 있다. 항상 문이 열려 있어서 사람들의 왕래가 다채롭다. 1980년대 후반 백제화방에서 일했고, 이후 목포와 서울에서 일했다. 1990년대 중반부터 액자제작 일을 본격적으로 시작하면서 동명동을 거쳐 이곳 예술의 거리에 동명틀방이란 상호를 걸고 자리를 잡았다. 처음 문을 열 때만 해도 초대화랑, 중앙화랑, 부산화랑 등의 표구전문 화랑이 있었다. 1980년대에는 액자제작에 외상거래가 많았

Venus
SOFT PASTEL
M/23
DYLON
Rit
Setacolor

다. 재료를 주문하고 완성품이 나오기까지 한 달여 정도의 시간이 소비되었으며 막상 전시가 개최되어도 작품이 팔리지 않으면 외상을 할 수밖에 없었다고 했다.

오래된 역사를 들려주는_ 골동품, 고서점

예술의 거리에서 우회전해 중앙초등학교 골목으로 들어서면 오래된 책들과 물건들을 판매하는 전문점을 만난다. 골동품과 고서점이다.

서른 살부터 고서적을 전문으로 다뤄온 고서당(대표 윤수옥)에는 시간이 멈춰 있다. 그보다 더 오래전인 과거로 타임머신을 타고 간 것만 같은 느낌이 들 정도다. 오래된 책들을 바라보고 있으면 시간이 가는 줄을 모른 채 고서들과 숨바꼭질을 하는 나를 발견할 수 있다. 알고 있는 모든 지식을 동원해 한자를 읽어가며 고서의 제목만이라도 읽으려 한다. 헌책방마저도 사라지고 있는 현재 시점에서 겉장이 뜯겨 있거나 몇백 년 전의 책들을 만날 수 있다는 것도 놀랍다. 1만여 권의 고서들이 좁은 공간 안을 꽉 메우고 있다. 한문학이나 국문학계, 외지인들, 심지어는 방송사에서도 고서당을 즐겨 찾아와 대여해 간다고 했다. 오래전 드라마인 〈바람의 화원〉에서 규장각에 쌓여 있던 고서 500여 권도 이곳에서 대여해 간 것이라고 하니 놀랍다. 300년이 지난 고서들이 대부분이라니 더 놀랍다. 400년 전 퇴계 이황 선생의 주역 관련 목판본뿐 아니라 선비들의 문집, 김기림 시집의 초판본 등의 다양하고 놀라운 책들이 이곳에 있다. 낡았다고, 오래전의 지나간 것들이라고 무시할 수 없는 역사의 향기가 이곳에 가득하다.

홍서각(대표 고재송)도 있다. 중앙초등학교에서 전남여고로 가는 길목에 자리 잡은 이곳은 자세히 살피지 않으면 창고처럼 보인다. 책 속에 지식이 있다는 뜻을 가진 홍서각은 한자로 쓰인 자서전이나 문집 류 등의 고서적을 주로 취급한다. 고 대표는 어렸을 때부터 한문과 붓글씨를 좋아했다고 했다. 1990년에 문을 연 홍서각을 주로 찾는 이들은 지역의 향토사학자와 대학교수, 가끔 조상의 흔적을 찾는 이들이다. 광주민속박물관 다음으로 광주에 관한 자료를 가장 많이 소장하고 있다. 현재도 광주 관련 자료를 역사로 수집하고 있다.

고미술품을 전문으로 취급하는 정일품도 있다. 30여 년 전 문을 연 정일품은 현재 중앙초등학교 앞 골동품 거리를 만든 장본인이다. 입소문이 나면서 정일품 주변으로 하나둘 골동품 전문점들이 입점했다.

규방공예와 우리 선조들의 생활상을 그대로 들여다볼 수 있는 골동품전문점인 중앙골동품점(대표 허득모)은 두 곳이 경영되고 있다. 한 곳에서는 표구를 전문으로 하고 중앙초등학교 정문 앞은 규방 공예와 생활골동품인 민예품을 전문으로 취급한다. 우리 선조들이 생활하면서 사용했을 개다리소반, 옛날 동화로, 고가구, 무명이불, 자수, 규방 공예, 한지공예, 유기그릇 등과 그 시대 여성들이 몸에 걸쳤을 장신구까지 생활사박물관에 들어와 있는 것 같은 착각을 불러일으킨다.

보문당도 있다. 예술의 거리에 문을 연 지 20여 년 되었다. 이곳에서는

골동품
古董 ANTIQUE
편한 마음 한의원

주로 중국을 통해 들어오는 북한 도자기류와 중국의 벼룩시장에서 사 들여 온 중국의 옛 물건들을 취급한다. 석불과 고가구, 도자기, 생활용품 등을 주로 취급하며 언제든지 방문을 환영한다.

냄새는 시간을 거스른다

서울에서 20여 년을 살면서 가장 그리웠던 것은 '냄새'였다. 익명성이 보장된 그곳에선 맡을 수 없었던 사람의 냄새. 화려한 말의 잔치에서 위로받을 수 없었던 그리움의 냄새. 전국 각지에서 모여든 사람들 속에서 느낄 수 없는 끈끈함의 냄새.

장소 불문하고 어디를 가도 눈에 익숙하게 걸려 있던 그림이 서울에서는 볼 수 없다는 것도 '냄새'에 대한 갈증을 증폭시켰다.

그랬다. 내가 태어나 자란 곳은 모든 생활의 분야에 예술이 있었다. 너무 근거리에 있어서, 피부처럼 내 몸 안에 녹아 있어서 차마 느끼지 못했을 뿐이었다. 익숙함에서 벗어나니 비로소 그림 속에 담겨 있었던 내가, 우리가 보였다. 다시 이곳으로 돌아왔을 때 내가 찾았던 곳이 바로 예술의 거리였다.

궁동은 1986년 동구청에서 예술의 거리로 지정하기 전까지 불렸던 이름이다. 미술대학에 다녔지만, 궁동이 예술의 거리란 명칭을 가지고 있다는 것을 몰랐다. 기억에도 없던 명칭이었다. 전시를 보기 위해 그곳에 들어

섰을 때, 예술의 거리 입구에 세워진 '예술의 거리'란 입간판을 보고서 그때 알았다.

전국의 작가들이 몰려들어 중앙화단의 화려한 입성을 꿈꾸는 인사동과는 확연하게 달랐다. 소박했으나 분명한 정체성으로 강력한 '무엇'이 있었다. 그리고 그 무엇은 내게 '냄새'로 읽혔다. 사람 냄새였고 그리움의 냄새였으며 이곳을 상징하는 광주성의 끈끈한 냄새였다.

냄새는 기억을 복기하게 한다. 시간을 거스르게 하며 시간을 잊게도 만든다. 예술의 거리를 걷는 시간이 많을수록 냄새는 냄새를 불러왔다. 기억을 더듬어 잃어버린 시간을 찾아 자꾸 고서점을 들락거렸다. 불온서적으로 금기시했던 『들어라, 양키들아(Listen Yankee: The Revolution in Cuba)』의 일본 판형을 만난 곳은 춘추서림이었다. 홍성담의 1980년대 후반 작품인 「서울 가는 길」과 「투사회보」 판화를 발견하고 구매한 곳도 예술의 거리였다.

예술의 거리에는 냄새가 있다. 오래된 책방과 골동품전문점, 고미술 전문화랑과 액자점, 필방과 한지 전문점. 각기 다른 냄새이면서 결국은 같다. 꿉꿉하면서 텁텁한 냄새. 물건 자체의 냄새. 오래된 것들이 뿜어내는 시간 곰팡내. 책장과 책장 사이에서 손에 묻어날 듯 코에 맡아지는 오래된 종이 냄새.

그 냄새들 속에서 아버지를 기억해낸다. 내 책가방을 왼손에 들고 성큼성큼 예술의 거리로 들어서던 발걸음 형태. 뚜벅 한 걸음 옮길 때마다 구두 뒤축에서 파열음이 났었다. 화랑 문을 밀고 들어설 때 내부에서 맡아지던 묵향(墨香). 널따란 판자 위에 배접해두고 제 몸을 말리던 그림에서 뿜어지던 끈적한 풀과 물 냄새. 아버지와 화랑 주인의 대화 속에서 맡아지던 머리의 포마드 냄새와 은단 냄새.

예술의 거리에는 결핍의 냄새도 맡아진다. 가난과 창작에 따른 고통의 냄새도 있다.

예술의 거리를 걷는다. 처음 걸었던 궁동의 왁자한 거리를 생각하며 걷는다. 한 번도 떠나보지 않았으면 알 수 없었던 것들을 생각하며 걷는다. 문이 열린 화랑에 들어가 인사를 건네고 골동품점에 들러 이 물건은 어디에서 여기까지 흘러왔을까도 생각한다. 전시 오픈으로 야단법석인 갤러리에 들어가 전시장을 둘러보며 벽에 걸린 작품을 찬찬하게 읽는다. 우연히 만난 사람과 잠깐의 인사와 미소를 보내고 화방에 들러 드로잉 펜도 몇 개 산다.

그동안 예술의 거리에는 많은 변화와 함께 시간이 흘렀다. 느닷없는 결정으로 야간이면 불을 밝히던 루미나리에가 설치되었다가 느닷없이 사라졌고, 매년 겨울이 다가오면 기존의 것들을 들어내고 새로운 보도블록이 깔렸다.

예술의 거리 활성화 사업이란 이름으로 프로젝트도 진행되었다. 활성화란 이름으로 막대한 공공자금이 투여되었지만 반대로 예술의 거리는 점점 쇠락해가고 있다. 더욱이 예술의 거리를 찾는 중요 인자인 예술인들이 느끼는 체감온도는 활성화에서 점점 멀어지고 있는 현실이다. 중요한 것은 우리 모두의 관계를 연결하는 것은 예술이라는 사실이다. 그물망처럼 공간을 품고 있는 예술의 거리에서 물리적인 생존요건을 채우고자 한다면 소통이라는 욕구를 충족해야 한다.

예술의 거리의 냄새는 과거와 현재 그리고 미래를 이어주는 시간적인 매개체이며 공간적인 매개체이기도 하다. 무엇보다 예술은 우리 인간의 삶의 중심에 있고 삶의 혁명적 변화를 품고 그 변화의 중심에 있다. 다시 말하면 예술은 유기체처럼 우리의 삶에 관여하고 있다는 것이다.

40년 전에 걸었던 길을 다시 걷는다. 그때 있었던 화랑과 표구사, 서점과 고미술점이 사라진 자리에는 새로운 전문점들이 들어섰다. 그 시대를 살았던 사람들이 사라진 길을 다음 세대였던 내가 걷고 있다. 예술이란 유전자가 인간에게 사라지기 전에는 이어진 세대가 또 이 길을 걷고 있을 것이다.

예술의 거리는 전국 여러 곳에 존재한다. 광주 예술의 거리는 차별화된 가치를 지닌 예술의 거리임은 틀림이 없다. 민주, 인권, 평화로 대변되는 광주다운 거리다. 이곳이 사람 냄새 나는 예술의 거리이며 예술가들이 존중받는 거리가 되길 바란다. 오래된 전문점들이 앞으로도 지속하길 바란다. 예술의 거리에 가면 광주 예술을 만날 수 있는 최고의 거리가 되었으면 좋겠다. 오래전 그랬던 것처럼 더 나아가 예술인들의 특구, 해방구로 꿈꿀 수 있기를 원한다. 예술의 거리와 인연을 맺은 모든 사람과 예술인들이 소통하고 공유할 수 있는 예술이 펼쳐졌으면 좋겠다. 우리의 다음 세대도 지금의 우리가 즐겼던 것처럼 예술의 거리 안에서 살았으면, 2014년 개관한 아시아문화전당과 직선의 거리만큼 왕래와 교류가 잦았으면 하는 바람도

한성화랑

있다.

그림이 밥이 되는 세상을 원하는 화가들은 오늘도 끊임없이 그림을 그린다. '냄새'를 기억하고 그리워하는 사람들이 찾는 예술의 거리가 되길 바라는 마음이 간절하다. 내가 아버지를 한 점 그림의 묵향 냄새로 기억하는 것처럼.

세상의 모든 음악이 있는 곳

박찬일 셰프는 『노포의 장사법-그들은 어떻게 세월을 이기고 살아 있는 전설이 되었나』에서 노포의 요소들 가운데 하나가 오랜 세월을 주인과 함께 일하고 버텨온 직원의 성실함이라고 썼다. 이름 난 노포란 세속적 성공여부와 무관하게 면면히 세월을 이겨낸 묵직한 성실함이 뒷받침될 때 소중한 역사가 될 수 있다는 걸 25시 음악사의 20년 근속 직원에게서 깨달았다.

세상의 모든 음악이 있는 곳

이화경

저 푸른 초원 위에 그림 같은 집을 찾아서_ 금성레코드사

레코드 가게와 첫 인연을 맺은 곳은 충장로5가에 있는 금성레코드사였다. 1975년, 초등학교 5학년생이었던 나는 아침저녁으로 금성레코드사엘 들락거렸다. 어린아이가 음악에 깊은 조예나 우아한 취향이 있을 리 만무했다. 그곳엔 내 단짝이 살고 있기 때문이었다.

아침엔 같이 등교하러 가기 위해 들렀고, 저녁엔 가게 안채의 단짝 공부방에서 계몽사에서 펴낸 『세계 소년소녀 문학전집』을 읽기 위해 들렀다. 『선데이 서울』 같은 통속 잡지 따위나 나뒹구는 나의 집구석과는 너무나 비교되게 오직 초등학생 자식새끼만을 위해 마련한 아동문학전집 수십 권이 있는 분위기는 어린 나를 주눅 들게도 하고, 뭔가 감질나고 애간장이 타게도 했다.

등굣길에 레코드 가게 출입문을 열고 들어가면 아침부터 귀에 설은 클래식 음악이 흘렀다. 안채로 들어가면 친구가 프릴이 달린 잠옷을 입은 채로 식탁(앉은뱅이 밥상이 아니라!)에 앉아 접시에 담긴 불고기를 한없이 느리게 먹고 있었다. 등교를 재촉하지 않는 가족들의 느긋한 태도의 온도는 내처 달려온 어린 발의 추위를 새삼 절감케 했다. 친구는 부잣집 딸이로구나! 나는 속으로 외쳤다. 친구네 집을 채운 소리와 냄새와 온도는 계급적인 격차를 온몸으로 느끼게 만들었던 셈이다. 어린 나는 어렴풋이나마 부유함이 얼마나 부드러우면서 정교한 체계를 갖추는지를 알게 되었다. 어른이 되어서야 어린 내가 체득한 어떤 무엇인가가 피에르 부르디외가 말한 '처해온 생존환경의 산물로 나타난 내면화된 취향(taste)이자 의식체계'인 '아비투스(habitus)'임을 알게 된 셈이었다.

1970년대, 내가 어릴 적에 수시로 들락거렸던 금성레코드사가 어쩌면 노포(老鋪)로 성장할 수 있었던 태동기였던 것인지도 모른다. 원래 노포(老鋪)는 일본어로는 '시니세(老舗, しにせ)'라고 읽으며, 오래된 전통이 있는 기업들을 가리키는 말이다. 1960년대에 출간된 국어사전에는 '대대로 물려 내려오는 가게'라는 의미로 수록되어 있다. 금성레코드사 여자 사장님의 명실상부한 맏딸이었던 내 단짝이 가게를 이어받았다면 지금쯤은 족히 반백년은 넘을 가게가 되었을 텐데……. 도로변에서 위용을 과시하던 도매 음반 가게는 사장님의 아들이 물려받아 운영하다가 골목으로 후퇴했고, 급기

야 작년에 금성레코드사는 역사의 뒤안길로 멀어져 가고 말았다.

금성레코드사 가게에는 미국의 모던 포크뿐만 아니라 스탠다드 팝, 칸쏘네, 샹송, 고전음악이라고 불리었던 클래식(classic music), 트로트, 한국가요, 통기타 반주에 맞춰 부르는 팝 스타일 음악의 한 형태인 포크송에 이르기까지 엄청난 엘피판들과 카세트테이프들이 진열되어 있었다. 광주에 알아주는 대표적인 음반도매상의 위세를 보여주는 풍경 앞에 압도되었을 뿐, 음악을 알아듣기 위해선 아직 내 어린 귀는 여물지 못했었다. 하지만 가랑비에 옷 젖는다는 속담처럼, 시나브로 들었던 음악들은 감수성을 풍부하게 해주고 예술적 미감의 자양분이 되었다고 믿는다.

무엇보다도 안채의 친구 방에서 읽었던 60권짜리 문학전집은 이후 활자중독자로 이끄는 계기가 되었다. 눈치가 보일 정도로 밤 이슥토록 친구 방에 있던 책들을 읽으면서 느꼈던 감정들은 나만 느꼈던 게 아니었던 모양이다. 아래의 글을 읽으면서 묘한 동질감을 느끼며 슬며시 웃었던 걸 보니 말이다.

> 『이상한 나라의 앨리스』를 읽었던 어느 늦은 오후의 비현실적인 기분, 『플랜더스의 개』에서 네로와 파트라슈가 죽었을 때의 안타깝고도 안온한 심정, 『에밀과 탐정』에서 느껴지는 뭔가 흥미진진한 일이 벌어질 것 같은 경쾌한 분위기가 생생하게 떠오른다. 『그리스·로마 신화』의 신들이 표현하는 풍부한 감정과 『키다리 아저씨』나 『소공녀』가 전해주는 변화무쌍한 운명, 『80일간의 세계 일주』와 『해저 2만리』

에 나오는 낯선 세계의 기이한 매력, 『올리버 트위스트』를 읽었을 때의 분노 섞인 슬픔, 『셜록 홈즈』가 주는 오싹한 호기심 속에서 조금씩 세상을 배웠다.

– 한윤정, 『명작을 읽을 권리』, 어바웃어북, 2011, 10쪽.

1970년대 초, 중반에 나는 현대극장 옆에서 어린 시절을 보냈다. 금성레코드사는 충장로 5가 초입에 자리를 잡고 있었고, 현대극장은 수기동에서 위용을 과시하고 있었다. 현대극장 앞 다리를 건너면 한일극장이 있었고, 광주천을 따라 태평극장이 있었다. 극장들과 광주의 근대적 풍모의 가게들은 내 유년의 놀이터이자 풍경이었다.

현대극장은 집에서 어린 걸음으로 걸어도 5분 거리도 안 되는 곳에 위치해 있어서 매표소 앞을 지키는 아저씨에게 잘 보이려고 서성거리곤 했다. 1970년대의 극장은 영화를 관람하는 공간이기도 했거니와 리사이틀이라고 불리는 공연이 이루어지는 무대이기도 했다,

전남 목포 출신으로 1970년대 한국 대중가요의 총아로 급부상한 가수 남진이나 부산에서 인기몰이를 시작했던 경상도 출신의 나훈아가 현대극장에 리사이틀 공연을 하러 오면 그야말로 구름 떼처럼 사람들이 몰려들었다. 자매 사이였음에도 엄마와 이모는 좋아하는 남자 가수를 두고 극렬하게 싸웠다.

"남진은 잘 생겼제, 노래 잘하제, 춤 잘 추제. 못 허는 것이 없냐안."

"오메, 남진 생긴 것 잠 보소. 느글느글허게 생게갖고, 여자들 꼬실라고

입꼬리로 실실 웃어감서, 아주 웃겨분단께. 나훈아는 겁따 대믄 진짜 딱 머스메같이 생겠능가안. 노래도 징허게 잘 부르고."

엄마는 남진을, 이모는 나훈아를 무척이나 좋아해서 서로 좋아하는 가수의 장점과 단점을 두고 설전을 벌이기도 했다. 1970년대 여심을 사로잡았던 당대의 두 남자 가수의 개성을 후대는 다음과 같이 평가했다.

> 나훈아가 도시화로 인해 농촌을 등진 서민들의 향수를 달래는 노래를 많이 불렀다면, 남진은 개발독재시대 중산층을 중심으로 하는 자기 긍정성을 노래했다. 대표적으로 나훈아는 '코스모스 피어 있는 정든 고향역 이쁜이 꽃분이 모두 나와 반겨주겠지 달려라 고향열차 설레는 가슴 안고 눈 감아도 떠오르는 그리운 나의 고향역'이라고 노래한 「고향역1」(임종수 작사·작곡, 1972)에서 그런 감정을 대변했고, 남진은 '저 푸른 초원 위에 그림 같은 집을 짓고~'로 시작하는 「님과 함께」(고향 작사, 남국인 작곡, 1972)로 권위주의 정권이 대중에게 보여주고 싶은, 그런 희망을 노래했다.
>
> – 장유정·서병기, 『한국대중음악사 개론』, 성안당, 2018, 237쪽

음악은 단순히 음률이나 노래가사만 대중에게 전달하는 것이 아님은 분명하다. 각 시대별로 유행했던 음악들은 장르 양식의 사회사적 함의를 담고 있다. 세상에 대한 새로운 사유방식과 감정을 드러내는 통로이기도 하고, 매체와 기술의 발전을 가늠하는 잣대가 되기도 한다.

> 무엇보다 한국 현대사에서 1970년대가 차지하는 의미는 여러 가지 점에서 매우 특별하다. 유신독재로 상징되는 1970년대는 한국 정치사에서 가장 엄혹한 시기였으며, 경제적으로는 중화학공업 정책을 중심으로 한 자주국방과 산업구조 개편이 단행된 시기였으며, 사회적으로는 새마을운동을 통한 사회개조 운동이 범정부 차원에서 강력하게 진행되던 시기였다. 1970년대 초반은 베트남전쟁과 닉슨독트린의 여파로 안보 불안이 극심했던 시기로 박정희 정권은 장기 집권을 위해 민주화의 열망을 억압하던 시기였다. 유신, 새마을운동, 고도성장, 베트남전쟁, 개발독재 등은 1970년대를 상징하는 키워드에 다름 아니다. 혹자는 마초적 권력의 에네르기가 팽창주의적으로 지배했던 시기라고 평가하기도 한다.
>
> – 윤선희·김영한, 「1970년대 대중문화와 여성의 재현: 대중가요 음반의 영상 기호 분석」, 한국방송학회, 2005, 139쪽

1970년대는 내 10대를 관통하는 시기였다. 서수남과 하청일이 부르는 「냉면」을 불러대던 10살 아이는 중학생이 되었고, 고등학교와 대학교를 다니던 오빠와 언니가 부르던 팝 음악과 포크송을 귀동냥하기에 이르렀다. 청바지와 통기타와 생맥주로 상징되는 한국 포크는 모든 구속과 간섭과 억압에서 해방시켜 줄 것처럼 보였다. 판탈롱 바지를 입고 다니다가 엄마에게 혼쭐이 나도 마음대로 멋을 부릴 수 있는 언니가 부러웠고, 음치임에도

고전음악 감상실 베토벤
낡은 소파, 게으름을 피우고 있는 겨울 햇살.
거기 기대서 클래식을 감상하는 공간.
때론 고전 영화로, 때론 음악과 차로
삶을 위로하는 공간.
법정스님도 사랑했던,
30년을 한결같은 음악인의 성지.

통기타를 품에 끌어안고 「세노야」를 바락바락 소리질러가며 부르던 오빠마저 멋있어 보이던 시절이었다. 어쿠스틱한 악기인 통기타는 단지 악기라는 차원을 넘어 포크의 시대정신 혹은 청년다움을 수행하는 장치처럼 느껴졌다. 유치하고 센티멘털한 소녀가 아니라 멋져 보이고 성숙해 보이기 위해선 기타도 배우고 영어로 노래도 부를 줄 알아야 한다고 여겼다.

가수 양희은이 자신의 고등학교 시절을 회고하면서 '라디오 심야 방송은 또래 아이들에겐 필수과목'이었다고 말했던 것처럼, 나 역시 1970년대 후반에 청소년 시절을 보내면서 라디오를 통해 심야 음악 방송에 빠져들었다. 당대의 청년들이 불렀던 노래는 소녀 시절을 졸업하기 위한 필수과목이었다.

장막을 거둬라 너의 좁은 눈으로 이 세상을 떠보자
창문을 열어라 춤추는 산들바람을 한번 또 느껴보자
가벼운 풀밭 위로 나를 걷게 해주세 봄과 새들의 노래 듣고 싶소
울고 웃고 싶소 내 마음을 만져주 나는 행복의 나라로 갈 테야

— 한대수 작사 작곡, 「행복의 나라로」, 1집, 『멀고 먼 길』, 1974

양희은이 불러서 히트를 쳤기 때문에 그녀의 곡으로 오해했지만, 시처럼 서정적이고 메타포가 멋진 한 대수의 「행복의 나라로」는 동요의 세계에서 한국 포크로 단박에 넘어갈 수 있도록 내게는 대단한 지렛대 역할을 했다. 하지만 소녀 시절을 졸업하기에는 너무도 고통스러운 시간이 앞에 놓여 있다는 걸 알지 못했다. 5남매의 학비를 대기가 벅찼던 부모님이 광주

집을 처분하고 서울로 돈 벌러 떠나면서 우리들은 민들레 홀씨처럼 친척들 집으로 흩어졌다. 부모님이 낙향하기 전, 중학교 3학년 여름방학에 부모님을 만나러 간 풍경은 아직까지 상처로 남아 있을 정도다. 여덟 살 박완서가 경기 개풍군 박적골을 떠나 서울살이를 시작한 현저동 달동네 어느 문간방의 1938년 풍경이 바로 내가 마주한 1979년 현저동 풍경과 비슷했다.

> 막상 내가 도달한 어머니의 서울 살림은 형편없이 궁색한 것이었다. 평지의 반듯반듯한 기와집 동네를 다 그냥 지나쳐 꼬불꼬불한 돌사닥다리 길을 한없이 기어 올라가 깎아지른 듯한 축대 끝에 제비집처럼 매달린 초가집의 우중충한 문간방이 어머니 서울 살림집이었다. …서울에서의 첫날밤…나는 이불 속에서 소리를 죽여 가며 울었다.
>
> – 박완서, 『박완서 산문집6: 사라져가는 것에 대한 애수』, 문학동네, 2015

급기야 서울 가신 아버지가 비단 구두를 사오시기는커녕 폐결핵에 걸려 낙향하고, 엄마는 신경쇠약을 앓게 되었다. 1970년 끝자락에서 도시 빈민인 부모님은 더 이상 추락할 바닥마저 없었다. 서울은 내게 너무도 슬프고 고통스러운 곳이었기에 지금도 서울을 별로 좋아하지 않는다. 그럼에도 사람들은 서울을 여전히 좋아하고, 가수들은 서울을 아름답게 노래했다. 10여 년이 흐른 뒤에 가수 조용필은 「서울서울서울」에서 '서울 서울 서울 아름다운 이 거리 서울 서울 서울 그리움이 남는 곳 서울 서울 서울 사랑으로 남으리 오 오 오 never forget of my lover 서울'이라고 불렀다. 그 뒤로 10여

25時
음악사
T.222-2410
T.222-9900

년이 흐른 뒤에 나는 시인이 되었고, 조용필의 「서울서울서울」이라는 제목을 차용해서 시를 썼다.

내 기억에서 서울을 지우고 싶다. 시간이 많이 흘렀는데 쉽사리 추억으로 바뀌지 않는다. 서울 산동네 기슭을 견디지 못하고 엄마는 성요한 신경정신과에 초조히 불려가고 있었고, 하얗게 질려 구석지에 웅크리고 앉은 엄마의 대인공포증을 아버지는 서울에서 눈치만 채고 있을 뿐이었다. 찰랑거리는 단발머리 사춘기 계집애가 처음 만난 서울은 기요코 고모의 선술집 다락방에 기숙하던 아버지가 보다 내팽개친 선데이서울 잡지 같은 얼굴로 다가왔다. 쿨럭거리는 아버지의 천식은 흐린 서울의 대기에 한없이 실핏줄이 돋았고 남대문 새벽시장에 목 잘린 돼지머리 염통 창자를 사기 위해 내 손목을 끌고 다니던 아버지의 섬찟하게 축축한 손을 난 뗄 수가 없었다. 미로만 같아 보이던 서울 외곽 어느 후미진 귀퉁이에 벌려 놓은 점방에서 아버지가 손수 삶은 돼지 간덩어리를 디스코 음악에 건들거리는 사촌 계집애처럼 씹어 삼킬 수가 없었다. 아버지는 슬픈 튜닝음을 내며 애수의 소야곡 따위나 기타로 뜯고 있었고 나는 한없는 누추함 속에서 눈알이 쓰라렸다. 내부에 그리운 집을 짓고 살았던 아버지와 엄마가 쓸쓸히 떠나갔고, 그해 여름 내내 짙푸른 위액을 측벽에 기대어 쏟아내고 나는 저무는 풍경이 걸린 횡목을 건너갔다.

– 졸고, 「서울서울서울」

골목길 돌아설 때면 내 마음은 뛰고 있었지_ 25시 음악사

충장로 1가에서 5가까지 유일하게 살아남은 음반 가게는 25시 음악사다. 충장로 1가에서도 가장 번화한 곳에 자리를 잡았던 25시 음악사 음반 가게는 현재 예전 장소에서 멀리 떨어지지 않은 골목 안으로 자리를 옮겼다. 음악을 전공하기도 했거니와 음악을 좋아했던 사장님은 부피를 많이 차지하지 않는 엘피판을 꽂을 수 있는 아주 작은 공간에 음반 가게를 꾸렸다. 음반 시장이 활황을 맞게 되자, 점점 더 크게 확장해서 전성기를 기억하던 우리들의 근사한 25시 음악사로 번창했다.

1980년대 대학을 다녔던 나는 사실 음반 가게 건너편에 있던 삼복서점을 더 많이 들락거리곤 했다. 읽고 싶은 책은 너무나 많은데 돈은 턱없이 부족했던 이십대 청춘은 삼복서점에 가서 오로지 눈으로만 읽었다. 책은 단지 지식을 담은 종이 뭉치가 아니라 물성(物性)도 갖고 있는 것이기에 눈으로 탐독하는 것만으로는 채워지지 않는 허전함이 있었다. 책의 중량감, 종이 냄새, 종이의 질감, 페이지를 넘기거나 쓰다듬을 때의 따스함, 인쇄된 글자의 아름다움, 오로지 내 것으로 소유했을 때 느낄 수 있는 안정감……. 밥값이나 버스비를 아껴서 꼭 사고 싶었던 책을 만나러 들렀던 삼복서점도 이제 사라지고 없다. 1932년에 개업한 역사가 깊은 서점이었던 삼복서점은 창업 76년 만에 폐업했고(2008년) 최근 상무점마저 없어졌다.

책을 품에 꼭 안고 서점을 나오면 25시 음악사에선 당대의 유행가나 팝이 울려 퍼지곤 했다. 독서는 책 외엔 굳이 다른 보조 도구가 필요하지 않지만, 음악을 듣는 행위는 전축이나 카세트 혹은 시디플레이어와 같은 도구가 없으면 불가능하기에 음반 가게를 서점처럼 빈번하게 들를 수는 없었다. 1970년 후반에 밥벌이를 위해 서울로 올라간 도시빈민 아버지는 처절하게 실패해서 집안이 풍비박산이 났기에 카세트테이프를 꽂을 그 흔한 워크맨이나 마이마이조차 없었기 때문이다.

하지만 1984년, 대학 2학년 겨울에 25시 음악사에서 얻게 된 포레(Gabriel U. Fauré)의 「레퀴엠」 엘피판은 아직도 가지고 있다. 정확히는 내 돈으로 산 게 아니라 선물 받은 것이다. 당시 일본에서 사업을 하고 있는 아버지를 둔 친구가 삼복서점 앞에서 기다리고 있던 나를 음반 가게로 데리고 가서 덥석 안겨준 엘피판이었다.

"레퀴엠은 역시 포레지. 모차르트나 베르디의 레퀴엠과 비교할 수가 없어. 너무 단정하고 깔끔하고 깊어. 들어보면 너도 알 거야." 친구의 입에서 쏟아지는 음반 품평은 너무 고급스러워서 알아들을 수 없었다. 레퀴엠이 정확히 무엇인지도 모르고, 포레라는 음악가가 있는지조차 몰랐던 나는 고개만 끄덕였다. 들어보면 안다는데, 음반을 올려놓을 턴테이블이 없어서 오랫동안 들어보지 못해서 알 수 없었다.

고전음악에 대한 군더더기 없는 품평이 가져다준 충격은 지금까지 고스란히 남아 있다. 취향에 대한 호불호를 표현하는 단호함, 해석에 쓰인 수사의 고급스러움, 비교까지 가능한 음악 이해에 대한 풍부함은 스물한 살의 나를 기죽이기에 충분했다. 나보다 키도 작고 못생긴 계집애가 레퀴엠이니 포레니 모차르트를 들먹이다니. 질투와 열패감으로 속이 뜨거웠지만 친구가 어린 시절부터 쌓아왔던 문화적 체험의 이력이 주는 깊이와 섬세함을 따라잡을 수 없으리라는 것쯤은 이미 그 순간에 알아버렸다.

젊은 날에는 음악이라는 게 자신의 정체성과 위치와 친구들과의 차이를 짓는 아주 중요한 요소라는 걸 뒤늦게 인식한 것이다. 자신의 취향과 감정과 표현하는 수단으로 음악이 왕왕 사용되곤 하는데, 때로는 좋아하는 음악이 같다는 이유 하나만으로 일치감과 유대감의 환상을 갖게 만든다. 고전음악을 이해하기 위한 과정은 의외로 고난도의 청취 훈련과 지휘자와 연주자에 대한 정보 탐색이 요구되었다. 한마디로 유식해져야만 했다.

이후로 나는 불법과외를 하면서 번 돈으로 카세트플레이어가 내장된 작은 전축을 사서 성음이나 지구 같은 국내 음반사에서 라이선스로 발매한 클래식 테이프들을 25시 음악사에 가서 하나씩 모으기 시작했다. 나이 들어서 나름 괜찮은 오디오를 사서 턴테이블에 엘피판을 올리기도 하고 시디플레이어에 넣어서 고전음악을 듣기도 했지만 여전히 내게 최고의 음반은 포레의 「레퀴엠」이다. 각인이 되어버린 것이다. 동물행동학의 대부인 콘라드 로렌츠가 밝힌 그 유명한 각인(imprinting)말이다. 어린 동물이 생후 조치의 특정한 시기 동안 어떤 대상에 노출되어 그 뒤를 따르게 되면 그 대상에 애착하게 되는 것으로 청둥오리의 어미 추종행동을 발견하면서 알게 된 각인처럼 포레의 「레퀴엠」은 고전음악으로 나를 이끄는 일종의 어미가 된 것이다. 동시에 내 기억 속의 25시 음악사 역시 35년 전의 모습 그대로 각인되어 있다.

광주의 음반 가게 노포에 대한 글을 쓰면서 25시 음악사가 남아 있

MAHLER SYMPHONIE NO.1
LEONARD BERNSTEIN
MOZART
The Symphonies
The English Concert
TREVOR PINNOCK
DECCA
Mozart
The Wind Serenades
Die Bläserserenaden
Amadeus Winds
MOZART

박건 대표곡 모음
Brown eyes
V.O.S

다는 사실 하나만으로도 감정이 벅찼다. 2017년 전남일보 기사에 따르면, "1950~1960년대 초반엔 빅토리아 레코드사가 충장로 3가에, 1954년~1960년대 후반에는 명향당 악기점이 충장로 4가 화신다방 건너편, 1960년대부터 1980년대 초반 광주소리사가 충장로 4가 화신백화점 코너 쪽에 위치했다. 이 외에도 1960년대에서 1970년대 초반엔 우주소리사, 1964년부터 1975년까지 남해당악기점, 1960년대부터 운영된 빅토리 레코드사도 있었다."

내 유년 시절의 금성레코드사도, 전남여고를 다니던 시절에 선망의 눈길로 앞을 지나다녔던 광주의 대표적인 음반 매장 가운데 하나였던 동구 궁동에 있던 빅토리 레코드사도, 한때 충장로에서 잘 나갔던 음반 매장이어서 1990년대 대중가요 음반을 사러 다녔었던 뮤직메카도, 광주소리사도 2000년대에 모두 폐점을 해버린 서글픈 현실에서 그나마 명맥을 유지하고 있는 음반 가게가 충장로에 있다는 것만으로도 감지덕지였다.

각 시대를 주름잡았던 가수들의 브로마이드를 음반 가게 전면에 내걸고 당대의 히트곡들을 거리에 울려 퍼지게 하면서 시대적 감수성과 경향성을 타전하는 전위 역할을 담당했다.

글을 쓰기 위해 찾아갔을 땐, 매장엔 여자 직원 한 분이 손님을 맞았다. 하태홍 사장님은 안 보이셨다. 20년째 25시 음악사에서 근무를 하고 있다는 직원에게 음반 가게의 과거와 현재를 조심스럽게 물었다.

"1990년대가 전성기였죠. 테이프와 시디가 많이 팔렸어요. 빅토리 레코드사 사장님의 자제분이 운영했던 뮤직메카와 광주소리사와 함께 저의 25

시 음악사가 충장로 1가에서 레코드가게 트로이카를 이룰 때도 있었어요. 이젠 다 사라지고 25시 음악사만 남았죠. 벅스나 소리바다 같은 음원 시장이 생기면서 완전히 꺾여버렸어요. 그래도 사장님이 접지 않고 이쪽 골목으로 옮기면서까지 운영을 하시는 이유는 여전히 찾아오시는 분들을 위해서죠. 아예 없애긴 그렇고, 너무 멀리 가긴 그렇고……. 주요 소비층이요? 나이 드신 분이 50퍼센트고 아이들이 50퍼센트에요. 아이들은 아이돌 그룹의 음반에 굿즈로 딸려오는 것, 예를 들면 포토카드 같은 구성물을 콜렉션하러 와요. 걔들끼리는 아이돌 그룹에서도 서로 좋아하는 가수가 다르니까 중복되는 굿즈들이 있으면 서로 교환하기도 하나보더라고요."

직원의 담담한 어투의 말보다 20년째 일하고 있다는 고집스런 내력에 나는 속으로 더 감탄을 했다. 박찬일 셰프는 『노포의 장사법-그들은 어떻게 세월을 이기고 살아 있는 전설이 되었나』에서 노포의 요소들 가운데 하나가 오랜 세월을 주인과 함께 일하고 버텨온 직원의 성실함이라고 썼다. 아울러 시대의 흐름에 밀려도 지켜가는 걸 '보존'이라고 하는데, '시대 변화에 따라 경쟁력은 떨어져도 지켜야 할 가치가 있는 것을 유지하는 태도'와 한 가지 일을 지속한다는 것의 위대함을 노포의 특징으로 내세웠다. 가게이기에 매출을 많이 올리는 점이 가게를 지속하는 가장 큰 힘이 되겠지만. 이름 난 노포란 세속적 성공 여부와 무관하게 면면히 세월을 이겨낸 묵직한 성실함이 뒷받침될 때 소중한 역사가 될 수 있다는 걸 25시 음악사의 20년 근속 직원에게서 깨달았다.

조심스럽게 매장 내부를 몇 컷 찍어도 되겠느냐고 허락을 구하자 직원은 흔쾌히 수락을 해주었다. 작별 인사를 나누기 전에 나는 피아니스트 조성진의 음반들 가운데 하나를 골라달라고 부탁했다.

"첫 음반이 아무래도 연주자의 성향을 올곧이 드러낸다고 생각해요." 음반을 골라주면서 덧붙이는 군더더기 없는 해석이 20년 근무한 이력의 내공을 다시 한 번 느끼게 해주었다. 25시 음악사는 클래식 음악으로 20대 젊은 날의 나와 50대 중년의 나를 두 번이나 절묘하게 매혹시킨 셈이다.

출입문을 밀고 나와 골목길을 빠져나오기 전, 담벼락에 붙은 최신 아이돌 그룹의 브로마이드들이 붙어 있는 것을 나는 물끄러미 오래 바라보았다. 2016년에 매장을 축소하면서 옮긴 골목길 안쪽 25시 음악사는 사인회 개최 같은 행사를 도맡아 하는 유일한 곳임을 증명하고 있었다.

한때 100여 개가 넘는 음반 가게가 성업을 했건만, 지금은 다섯 손가락을 다 세지도 못할 정도로 음반 가게 사정은 열악하다. 음반 가게 노포를 찾아가는 일 자체가 난망한 것임을 광주일보에 실린 기사가 절망적으로 보여주고 있었다.

> 광주의 대표적인 음반 매장 중 하나인 동구 궁동의 '빅토리 레코드사'의 현주소는 지역 음악시장의 암울한 현주소를 극명하게 보여준다. 1950년대 문을 연 이 가게는 일제 시대 레코드를 수거한 후 복사·판매하면서 그때만 해도 생소했던 음악을 광주에 전파했다. 가게 주인은 아버지에서 아들을 거쳐 며느리 이길자(65)씨에게 대물림했다. "70년대 해적판이 난무할 때 해적판은 단 한 장도 취급하지 않을 정도로 소

신을 지켰어요. 그러나 하루 매상이 1만 원을 넘지 못하는 지금은 너무 어렵습니다." 지난 2000년대 초까지 열 명에 달하던 종업원은 현재 한 명만 남았고 그나마 월급주기도 빠듯한 상황이다. 집안 대대로 이어온 사업을 저버릴 수 없어 고심하던 이씨는 결국 가게를 내놓았다.

–「허전한 마음 아 옛날이여~사라져가는 레코드 가게」

광주일보, 2004년 12월 12일(일) 기사

레코드 음반 가게가 번성하다가 소멸하던 과정은 근대 이후 숨 가쁘게 달려간 소도시 공동체 음악 향유 문화의 점진적 와해와 음반 도매 유통구조의 변화가 맞물리는 과정을 명시적으로 보여주고 있다.

25시 음악사에 다녀온 이후로『신촌 Blues II - 황혼』앨범에 실린 노래가 귓가에 계속 맴도는 이유 역시 지키지 못하게 되면 '뒤돌아가면서 후회를' 하게 될 것 같은 씁쓸함 때문일 터.

골목길 접어들 때에
내 가슴은 뛰고 있었지
커튼이 드리워진 너의 창문을
말없이 바라보았지
수줍은 너의 얼굴이
창을 열고 볼 것만 같아
마음을 조이면서 너의 창문을

LP
전문점
아날로그LP. 빈티지오디오. CD.

한없이 바라보았지
만나면 아무 말 못하면서
헤어지면 아쉬워 가슴 태우네
바보처럼 한마디 못하고서
뒤돌아가면서 후회를 하네
골목길 접어들 때에
내 가슴은 뛰고 있었지
커튼이 드리워진 너의 창문을
말없이 바라보았지

– 신촌블루스, 「골목길」, 『신촌 Blues II』, 1989

세상의 모든 음악_ 명음사

이름 있는 음악사라는 뜻의 명음사(名音社) 상호가 있는 레코드 음반 가게를 찾아간 2020년 늦가을은 햇볕은 따사로웠지만 바람은 차가웠다. 광주고등학교 뒤편으론 마천루 아파트가 들어서고 있고, 음반 가게가 있는 쪽엔 쇠락한 기운이 역력한 헌책방, 이발소, 골동품 가게 등이 옛 자리를 지키고 있었다. 1970~1980년대 풍경이 고스란히 남아 있는 거리의 명음사에서 흘러나온 음악이 온기를 부여하고 있었다.

원래 1980년에 레코드 음반 가게를 열고 지금까지 40년 넘게 이끌고 온

뚝심 있는 주인은 이선호 대표이다. 광주에 열기 전에 이미 1978년에 서울에서 음반 가게를 열어서 3년 동안 운영했던 경력이 있었던 이 대표는 가게가 서울 4대문 안에 위치한 탓에 공해와 교통난이 심한 게 싫어서 광주로 내려왔다. 그때가 그의 나이 삼십대 초반이었다.

광주에서는 동부경찰서가 있는 예술의 거리 초입에 음반 가게를 열어서 운영하다가 양영학원 옆으로 옮겼다. 두어 차례 가게를 옮긴 뒤에 국립아시아문화전당 조성사업이 시작되는 바람에 계림 오거리 근방으로 다시 자리를 옮겼다. 잦은 이주에도 불구하고 이 대표가 끝끝내 음반 가게를 고수하고 있는 이유가 몹시 궁금했다.

명음사 내부는 짐작처럼 엄청난 양의 엘피판, 시디, 카세트테이프, 각종 오디오 등이 빼곡하게 진열되거나 쌓여 있었고, 진열대 위에는 마리아 칼라스, 정경화, 사라장, 파바로티 등의 사진들이 매장을 내려다보듯이 배치되어 있었다. 음악과 관련한 만물상으로 가득한 가게를 둘러보면서 나는 야릇한 향수에 젖었다. 단정한 차림새에 담담하고 차분한 인상을 가진 노신사가 들어선 나를 맞이했다.

삼십대부터 칠십대에 이르기까지 음반 가게를 유지하는 노포 주인의 사명감의 뿌리는 무엇인지 여쭤보았다. 근원은 바로 음악에 대한 사랑이었다.

"초등학교 때는 듣는 것을 좋아했지요. 중고등학교 시절에는 음악 수업시간이 재밌었고, 고등학교 시절에는 합창반에 들어갔습니다. 고등학교 시절에는 팝을 좋아했어요. 그때 당시 1960년대 중반쯤이었는데, 당시 유명했던 팝 가수가 미국의 컨트리가수 스키터 데이비스(Skeeter Davis)가 있었는데요. 「the end of the world」가 유명했지요. 카니 프랜시스(Connie Francis), 펫 분(Pat Boone), 짐 리브스(James Travis Reeves), 존 덴버(John Denver)를 주로 많이 들었지요. 존 바에즈(Joan Baez)는 대학교 1학년에 좀 들었고, 밥 딜런(Bob Dylan)도 좋아해서 듣곤 했어요. 1960년대 우리나라 사람들이 좋아했던 장르가 팝 중에서도 로큰롤이나 발라드였지요."

사전에 인터뷰를 요청하지 않고 불쑥 찾아갔는데도, 이 대표가 피력한 개인적인 선호곡만 들어도 1960년대의 팝 음악의 전모가 눈앞에서 펼쳐지는 것 같았다. 받아 적기에도 숨 가쁜 가수들의 이름과 노래가 단 한 번의 주저함도 없이 이 대표의 입에서 쏟아져 나왔다. 그럼에도 옛날의 추억 속에 남아 있는 음악들이 아니라 현재로 바로 소환되는 듯한 느낌을 주는 건 이 대표의 단정하면서도 따뜻한 음성 덕분일 것이다.

내가 대학에 들어가서부터 본격적으로 듣게 된 존 바에즈와 밥 딜런의 이름이 대표에게서 소환되자마자 1980년대 젊은 날로 단번에 돌아간 기분마저 들었다. "내가 하는 모든 것이 저항"이라던 밥 딜런의 기성사회 질서에 맞선 아웃사이더의 면모와 내적인 자유를 추구하는 노래에 감정이입을 했던 스무 살의 나, 바리케이드 앞에서 통기타 하나 달랑 메고 슬픈데 처량하지 않고 담백하면서도 깊은 음색으로 저항의 노래를 불렀던 존 바에즈를 미치게 좋아했던 스무 살의 나로 말이다. 노래는 '잃어버린 시간'을 찾아주는 마술임에 틀림없다.

영미 팝 음악에 대한 역사를 말씀하시다가 클래식으로 본격적인 이야기가 나오기 시작했다.

"대학교 다니면서 선배 추천으로 클래식을 좀 듣기 시작했지요. 광주에 유명한 클래식 감상회가 있었어요. '무사이(고대 그리스어: Μουσα, 복수 Μουσαι 무사이-그리스 신화에 등장하는 음악과 시를 관장하는 아홉 명의 여신)'라는 '클래식 감상회'가 있었는데, 매주 금요일에 한 번씩 저녁 7시에서 7시 30분 그쯤에 모였어요. 그때는 광주에 미국공보원이 있었어요. 지금은 미국문화원으로 바뀌었지요. 미국공보원에서 모여 한 곡씩 감상을 했어요. 순수한 클래식만 했어요. 클래식 감상을 운영하시는 분이 해설도 직접 담당해주셨지요. 주로 클래식 전곡을 감상했어요. 전곡 감상을 하면 보통 두 시간씩 걸렸지요. 그때 같이 감상했던 멤버 중에 박계 교수, 강양은 교수 등이 참석했어요. 서울서도 클래식 마니아들이 내려와서 들어보고는 대단한 감상회라고 감탄을 하곤 했지요. 그러다가 미공보원이 자리를 비워달라고 해서 다방을 전전하다가 결국 그만두게 되었지요. 초기 멤버들은 이후로 조금씩 만나다가 지금은 거의 교류가 끊어졌어요."

무려 40년 전인 1980년대에 광주에서 클래식 동호회가 활발하게 운영되고 있었다는 것도 놀라웠지만, 모임 이름이 '무사이'라는 것도 특별하게 다가왔다. 예술가들에게 창작의 영감을 주는 존재로 알려진 '뮤즈'의 다른 이름, 예술의 여신들인 멜포메네, 에라토, 에우테르페, 우라니아, 칼리오페, 클에이오, 탈리아, 테르프시코레, 폴리힘니아를 총칭하는 이름, 무사이……. 클래식 음악은 서양 음악이어서 나 같은 일반인은 접하기도 어렵고 익숙해지기도 버거워서 일련의 청취 훈련이나 배경에 대한 지식 교양을 습득해야 이해가 가능한 예술 장르이다. 문화적으로 향유 가능한 조건

이 있어야 제대로 들을 수 있다는 한계가 있지만, 무사이 같은 동호회나 대표님처럼 수용환경에 익숙한 분들의 가이드가 있으면 자연스럽게 접하면서 클래식에 입문하기 쉽겠다는 생각이 잠시 들었다.

클래식에 대한 이야기가 이왕 나온 김에 대표님의 인생에서 꼽을만한 명연주 명음반을 소개해 달라고 부탁했다.

"글쎄요. 인생의 명음반이라……. 매장에 있는 엘피판만 해도 4, 5천 장이 넘습니다. 공간이 협소해서 집에도 분산해 놨고요. 너무도 많은 음악을 듣고 살다보니까 오히려 호불호가 분명하긴 하지만, 클래식 장르에서 보자면 그래도 제일 감동적인 것은 베토벤의 「운명 교향곡」이지요. 「운명 교향곡」은 한마디로, 베토벤의 인생뿐만 아니라 인생을 살아가는 모든 사람들이 공감하는 곡이 아닌가 생각합니다. 「운명 교향곡」은 지휘자도 악단도 원체 많은데요. 저는 특히 카를로스 클라이버(Carlos Kleiber)의 베토벤 교향곡 운명(Beethoven: Symphony No.5 & 7)을 가장 좋아합니다. 아울러 저는 특히 합창곡을 좋아하는데요. '전 인류가 형제다'라고 시인 쉴러(Friedrich von Schiller)가 말했잖아요. 인간은 조물주의 피조물이라는 명제에서 대체로 작곡가들은 영감을 받지 않는가 생각합니다. 이 세상 모든 생명체에는 창조자가 반드시 있다는 거죠. 제 생각엔 음악 작곡자들은 대체로 창조론자들 같아요. 모차르트, 바흐, 베토벤, 포레 같은 음악가들은 레퀴엠 같은 미사곡들을 썼습니다. 그들은 종교 음악을 꼭 한두 곡씩이라도 작곡을 했습니다. 지금 벌어지고 있는 코로나 사태도 우연이 아니라고 저는 생각합니다. 창조질서를 무너뜨리는 사람의 욕심이 지금의 상황을 만들었다고 봐요."

운명……. 이 대표에게서 운명이라는 단어가 나오자 마치 잘 짜인 각본이 있는 인터뷰 같다는 생각마저 들었다. 반평생 넘게 음악만을 붙들고 살았던 대표에게 음악은 '운명'이 아니면 뭐겠는가.

'빠바바~ 바(혹은 다다다~ 다)'하는 네 음으로 이루어진 주제 선율이야말로 베토벤의 「운명 교향곡」의 심급일 것이다. 베토벤의 「운명 교향곡」을 라디오에서 처음 들었을 때, 주제 선율에 압도당해서 멍해져버렸던 기억이 다시 떠올랐다.

> '운명의 모티브'라고도 불리는 단순한 네 개의 음이 교향곡 안에서 수십 차례 반복되면서 1악장을 구성합니다. 이 단순한 네 음은 한 치의 틈이나 여유도 주지 않고 밀집되어 나타나면서 긴장감과 극적인 분위기를 몰아가면서 운명과 싸우는 치열한 과정을 그려냅니다. 이어지는 2악장은 변주곡 형식으로 주제선율이 다채롭게 변형된 형태로 등장하는데, 문학가 로맹 롤랑은 이 부분을 '운명과 투쟁하는 부분'이라고 묘사했습니다.
>
> – 정주은, 「운명은 이렇게 문을 두드린다–베토벤 교향곡 5번 '운명'」, 새가정사, 2010, 71쪽

베토벤의 「운명 교향곡」에 강렬한 감정적 요소를 입히고 음악 구조에 대한 지적이고 숭고한 이해를 완벽하게 일치시킨 것으로 타의 추종을 불허한 카를로스 클라이버를 좋아한다는 이 대표의 말은 음반 가게를 노포로 지켜

낸 저간의 내면을 잘 드러내고 있었다. 더불어 코로나19를 음악과 자연스럽게 연결시키는 시선에서 인생의 연륜을 엿볼 수 있었다.

다양한 음악 장르에 대한 방대한 지식, 귀의 안목, 섬세한 표현은 웬만한 음악평론가 못지않았다. 대표에게 요즈음 난리가 난 트로트 열풍에 대해서는 어떻게 생각하는지 꼭 물어보고 싶었다. 혹시 불편하진 않으시냐고 에둘러 물었다.

"크게 불편하진 않습니다. 트로트라고 명명이 된 게 얼마 안 됐어요. 옛날에는 트로트라고 하지 않고, 그냥 옛 가요 혹은 전통가요라고 불렀습니다. 뽕짝이라는 단어가 생기면서 트로트가 우리나라에서 한 차례 유행을 했는데, 예전에는 트로트만을 듣는 마니아는 상당히 소수였습니다. 트로트가 급부상하게 된 계기는 송대관 씨, 설운도 씨, 주현미 씨가 히트를 쳤기 때문이에요. 이분들이 음반을 내고 인기를 얻게 되면서 트로트 장르가 떡하니 형성이 되더라고요. 주류가 되고 나니, 충장로 리어카 가판에서 불법 테이프를 엄청나게 팔더라고요. 그 덕분에 대중에게 트로트가 많이 보급되었죠. 고속도로 휴게소도 인기몰이를 하는 데 큰 역할을 했지요. 두 개씩 묶어서 팔면서 양적으로 엄청나게 트로트가 확산되었죠. 초창기에 트로트가 인정을 많이 못 받는 이유는 멜로디 자체가 너무 단순하고, 약간은 왜색적인 요소도 있고, 가사도 조금 유치하다는 인식이 있었기 때문입니다. 요즘은 트로트를 각 방송마다 틀어주는데, 그게 바람직한 현상인지까지는 잘 모르겠습니다. 저도 정서적으로 안 맞다고 생각했는데, 우리나라 사람들은 원래 흥이 많으니까 트로트라도 많이 들으면 인생사 좀 고달플 때 위로가 되지 않냐, 이렇게 생각합니다. 과거에는 본인들이 원하는 곡들을 리스트로 작성해서 들고 오잖습니까. 처음에는 공테이프에 녹음하다가 나중에는 시디에 녹음을 해서 많이 들었지요. 그렇게 손님들이 들고 오는 음악을 많이 듣다 보니까 음악 장르가 넓어지게 된 면도 있지요."

트로트에 대한 이야기도 물 흐르듯이 유연했다. 이 대표가 각 장르마다 이야기를 할 때마다, 장르별로 나의 추억과 잊었던 노래들이 떠올랐다. 특별한 경험이었다. 자신의 경험과 기억에만 의존하는 구술임에도 사실적인 증언임을 아래의 글과 비교해 봐도 알 수 있다.

> '유행가'라는 명칭으로 1920년대 후반기에 출현하여 삽시간에 대중을 사로잡은 이 신식 가요는 앞서 출범한 일본 유행가(엔카, 演歌)와 어느 정도 유사한 선율을 띠고 있었는데, 엔카가 곧 일본 민요에 폭스 트로트를 접목해 탄생한 장르였다. 유럽풍 가락에 일본풍 곡조를 가미하면서 한국적인 정조를 담아 컬래버레이션 된 이 땅의 가요는 「목포의 눈물(1935)」을 전후한 시기에 한국적 창작가요의 틀로 정착되기에 이르렀다. 광복 후에도 진화를 거듭해가다가 1950년대 후반, 미국 팝송이 밀려들고부터 영미권의 대중가요에 열광하는 분위기 속에 주춤하는 듯했던 한국의 유행가를 다시 일으켜 세운 기폭제는 이미자의 「동백아가씨(1964)」다. 신기한 점은 이때까지도 '트로트'라는 명칭은 잘 쓰이지 않은 것으로 보인다는 점이다. 장르 구분이 무의미할 정도로 단일 품목이었던 한국의 대중음악은 유행가, 혹은

가요로 통칭되던 오랜 시기를 지나 록음악과 포크송이 출현하기 시작한 1960년대 후반 들어 비로소 트로트라는 이름으로 불렸다.

– 박윤석, 「한국트로트 탄생의 비밀」, 샘터사, 2020, 32~33쪽

국보급 성대라고 칭송받았던 이미자의 노래는 1960~1970년대 어른들이 가장 좋아했던 걸로 기억한다. 「열아홉 순정」, 「동백아가씨」, 「섬마을선생님」을 '깨끗하면서도 안정적인 바이브레이션'과 '애간장을 녹이는 특유의 창법'을 구사하면서 '엘레지의 여왕'의 자리에 등극했던 가수 이미자. 꼬마들 사이에서는 '이미자가 죽으면 성대만 따로 꺼내서 알코올에 담가서 보존하기로 했다'는 다소 으스스하고 엉뚱한 소문이 돌곤 했다. 그 정도로 독보적인 목소리를 가졌다는 뜻일 것이다. 중학생 소녀 시절에는 '뽕짝'을 좋아하면 낡은 구닥다리 어른 같아 보여 싫어했고, 안 되는 발음이나마 영미 포크 음악을 읊조리면 세련된 것처럼 느끼기도 했다. 중년이 된 지금은 「동백아가씨」가 트로트 장르가 아니면 오목가슴을 그토록 깊이 파고들 수 없다고 생각할 정도로 좋아하게 되었다.

마지막으로 이 대표에게 음반 가게의 현재와 미래에 대한 생각을 여쭈었다.

"음악의 판매 흐름이나 음악을 듣는 중심 세대가 바뀌게 되면서, 주로 젊은 층들이 스트리밍 위주로 음악을 듣게 되고, 아날로그 음악 대신 디지털 음악으로 듣는 게 현재 대세가 되었죠. 지금은 엠피쓰리 형태나 유에스비(USB)에 음악을 많이 담아서 듣잖아요. 그게 다 사실은 디지털 음악이

88 90 92 94 96 98 100 102 104
LOUDNESS CONTOUR
MUTING
ON/OFF
LOW FILTER
TAPE MONITOR

죠. 디지털 음악은 질감상 안 좋기도 하지만, 디지털 음악을 많이 듣게 되면 건강상 안 좋다고 그러더군요. 아날로그와 디지털은 신호체계가 다르기 때문에, 디지털 음악은 실은 뇌에도 안 좋다는 과학자들의 설명도 있더군요. 30, 40대분들이 가끔 매장에 들르곤 하는데요. 가만히 보면 부모 세대들이 아날로그 엘피판을 듣는 걸 보고 자란 친구들이더군요. 더러 그분들이 엘피판 구입하는데, 엘피판 음향이 익숙하다는 의미겠지요. 요즘은 온라인 쪽에는 엘피판 가격이 조금씩 올라가고 있는데, 특히 가요 쪽은 너무 고가 현상이 일어나고 있어요. 바람직하지 않다고 봅니다. 희귀한 음반들, 옛 시간에 잠자고 있던 음반들은 해외에서 재생산을 하는데, 마스터테이프가 없다 보니 질감이 조금 떨어집니다. 우리나라에서 직접 만들었던 음반의 질이 훨씬 좋다는 얘기겠지요. 제가 계림동 쪽으로 와서 보니까, 이 근방에는 나이 드신 분들이 많이 다니더군요. 그분들이 옛 추억을 떠올리시면서 가게에 들르러 오십니다. 저와 옛 노래나 옛 시절들에 대한 이야기를 나누다 가시곤 하지요. 저는 동네 분위기도 나이 드신 분들 모두 늙은 게 아니라 빈티지스럽다고 생각해요."

명음사를 떠나기 전에 노포를 계속 운영하길 바라는 내 심정에 대해 이 대표는 조금은 쓸쓸하게 속내와 바람을 말씀하셨다.

"제 자식들 둘이 있는데요. 음악에 별로 많은 관심이 없어요. 허허. 그래서 걔들이 물려받을 것 같진 않고요. 글쎄요, 거동이 허락할 때까진 할 것 같긴 합니다만. 사실 코로나 때문에 영업이 거의 안 되었거든요. 손님들이 직접 오지 않으니까요. 그런데 한편 마음이 편해지는 것도 있어요. 안 되는 것이 어렵긴 하지만, 저도 칠십이 좀 넘었기 때문에 젊은 사람들이 와서 혹시나 전염되면 어쩌나 하는 우려도 있어서, 마음 편하게 손님 없는 것이 좋다, 이렇게 생각하기도 했습니다. 광주에 엘피점이 없다 보니까, 이거 하나라도 보존하고 있어서, 가끔 나이 드신 분들이 오셔서 좀 교류를 했으면 좋겠다는 생각입니다."

이 대표는 여전히 음악에 대한 관심을 놓지 않고 부지런히 FM라디오를 청취하면서 좋은 음악이 나오면 나름대로 컴필레이션들을 만들어서 시디로 굽는 수고를 마다하지 않는다고 한다. 명반에 대한 지극히 사적인 트리뷰트의 작업일 뿐, 상업적으로 이용할 생각은 없어 보였다.

세상의 모든 음악을 다 섭렵한 듯한 귀의 심미안과 안목을 갖고 계실 대표에게 이 가을에 듣기 좋은 음반을 부탁했다. 〈Matt Haimowitz / James Levine 생상 / 랄로: 첼로 협주곡 (Saint-Saens / Lalo: Cello Concertos)〉와 〈Jacqueline Du Pré (Dvorak/ Elgar : Cello Concertos)〉 음반 두 장을 추천해주셨다.

차에 오르자마자 시디플레이어에 음반을 넣었다. 번아웃 되도록 달려왔던 나 자신을 위로하기 위해 누구에게도 방해받지 않는 차 안에서 볼륨을 높였다. 현악기가 빚어내는 선율 속으로 가파르게 차올랐던 숨이 서서히 스며들어가는 게 느껴졌다. 오랫동안 놓쳤던 차분한 안정감이 묵직하고도 고요하게 내부에 가라앉았다. 음악도 좋았지만 사람을 직접 만나서 말도 나눴던 온기가 나를 따뜻하게 한 것임이 분명하다. 명음사가 노포로 오래오래 남아 있어야 할 이유인 것이다.

오래된 사랑에 관한 짧은 필름

찰스 베츠 헌틀리 선교사는(한국명 허철선, 1936~2017)는 아마추어 사진동호회를 이끌며 기독교병원에서 사목으로 있던 중 1980년 광주를 겪게 된다. 항쟁기간 그는 병원에 실려오는 처참한 시민들과 자신의 신체를 내놓아서라도 이웃을 구하려는 시민들을 카메라로 기록한다. 그리고 자신의 양림동 사택에 비밀암실을 만들어 필름을 현상해 외국기자들에게 유포했다. 선교사로서 금지된 정치적 행위를 스스로 위반하면서까지 사진 한 장으로라도 도시를 구하고자 나선 것이다.

오래된 사랑에 관한 짧은 필름

한재섭

조심히 다뤄야 한다니까

그러나 조심히 다룰 수 없는 것이 사진과 사랑이다. 사진도 사랑도 조심히 다룰 수 없다. 다룬다는 말 자체가 사랑과 사진을 성립불가능하게 만든다. 조심히는 할 수 있다. 사랑도 사진도. 그렇다고 사랑이 해피엔딩으로 끝날 수 있는 것은 아니다. 사진도 완벽하게 사진가의 의도대로 모든 것을 담아낼 수 없다.

사실 아시다시피 사진은 무엇인가를 버려야만 하는 것이다. 어떤 피사체를 선택하느냐가 사진이기 때문이다. 사랑은 볼 수 없는 것이다. 우리가 사랑이라고 말하는 어떤 것은 실은 누구도 볼 수 없는 무엇이다. 사랑은 지극히 개인적이고 내밀한 무언가의 교환이기 때문이다. 이때 섹스를 떠올려서도 안 되고 안 떠올려서도 안 된다. 손을 잡고 껴안고 입맞춤을 나누고 체액을 주고받으며 서로에게 깊이 파고드는 사랑이란 이미지들이 우리가 알고 있는 사랑의 전부이다. 그러나 알잖은가? 그것이 사랑의 전부가 아니라는 것을. 분명 세계의 시간 속에 존재하는 두 사람의 사랑에서 우리가 볼 수 있는 것은 오직 사랑의 이미지뿐이라는 것을.

우리가 흔히 착각하고 있는 것 중 하나가 사진은 카메라라는 기계장치이니까 사실을 있는 그대로 담아낼 수 있다고 믿는 것이다. 있는 그대로의 세계를 사람의 조작 없이 담을 수 있다는 것이다. 그러나 과연? 사진은 실은 아무것도 담아낼 수 없다. 빛과 바람은 주어진 것이고, 세계의 시간은 끊임없이 흘러가고 있다. 그리고 세계에 놓인 사람은 덩그러니 던져진 것이 아니다. 카메라의 존재를 감지한 사람은 이미 사진가의 조작에 동참하고 있다. 딱 한순간, 찰나(刹那)라고 말하는 그 순간 사진가와 사람은 사진을 박았다고 하겠지만, 사진으로 세계가 우연히 들어온 것이다.

사진가가 스튜디오에서 모든 것을 통제해 찍었다고 해도 달라지는 것은 없다. 오히려 원하는 포즈를 기다리는 사진가와 포즈의 모티브를 소리로 담을 수 없는 사람 간의 말 없는 대화 속에-어쩌면 카메라를 사이에 둔 애무 행위처럼-사진은 순간 찍히고 만다. 찍히고 마는 그 순간 그들은 아무도 모르는 둘만의 비밀을 간직한 전희를 나누게 된다. 우리는 오직 그들만이 알고 있는 비밀을 담은 사진을 보고 그 사람이 아니기 때문에 진실을 알 수 없다. 사진엔 정지할 수 없는 시간의 정지라는 허구가 담기고 속셈을 말

Polaroid
Studio Express

하지 않는 인물의 의도가 담겨 있다.

이처럼 사진과 사랑은 보이지 않는 것이고, 보인다고 믿는 것조차 사진가도 우리 모두도 어쩔 수 없는 인간이기에 알 수 없는 무성한 비밀만을 보여준다. 사진을 둘러싼 억측과 유언비어, 끊임없는 소문이 되풀이되는 것이 당연할 수밖에 없는 이유이기도 하다. 매일매일 SNS를 오르락내리락하는 정치인과 연예인들의 사진부터 우리가 도저히 받아들일 수 없는 1980년 광주의 사진들에 대한 혐오까지 말이다.

짧은 영화 〈폴라로이드 작동법〉(김종관, 2004)은 사진과 사랑의 비밀을 함축적으로 보여준다. '세상에서 제일 쉬운 카메라'라는 폴라로이드 카메라 작동법을 여자에게 알려주는 남자와 그 남자를 짝사랑하는 여자는 사진도 사랑도 제대로 된 결과물을 얻지 못한다. 그저 떨리고 흔들리고 머뭇거리다 실수로 셔터를 누른 찰나 영화는 끝이 난다. 남자는 폴라로이드 카메라가 처음인 여자에게 계속 '조심히 다루라'고 하지만 애초부터 여자는 카메라에 관심이 없다. 이미 사랑에 빠진 그녀에게 보이고 들리는 것은 남자밖에 없다. 그러다 실수로 누른 사진은 남자의 얼굴이 잘려나간 실패작이다.

여자의 사랑의 몸짓을 담은 것도 아니고 좋아하는 남자의 얼굴이 나온 것도 아닌 폴라로이드 사진 한 장에 우리가 안다고 믿었던 사진과 사랑의 비밀이 담겨 있는 것이다. 사진도 사랑도 조심히 다룰 수 없다는 것. 통제할 수 있다고 믿는 순간, 영원한 맹세를 지킬 수 있다고 믿는 순간, 순간의 시간은 흐르고 사진의 세계는 부분에 불과하고 사랑은 어그러지고 있다는 것이다.

통제한다는 착각에 허우적대다 깨어보면 쓸쓸한 자국만 남기는 것이 사진과 사랑이다. 돌이켜보면 사랑처럼 사진도 자신만이 일고 있는 키스 자국을 남긴다. 사랑은 사진처럼 빛이 몽고군의 기마병처럼 순식간에 쳐들어오는 순간 밝아지고 피어나다 까맣게 사라진다. 무지막지한 기마병들의 말발굽 소리와 발자국이 지나가면 멍한 상태의 진공상태에서 세계는 다시 암흑이 된다.

그리고 우리는 영원한 기억을 담은 사진을 볼 뿐이다. 자세하게 말하자면 사진 속 사랑의 환희가 아니라 사진 밖으로 밀려났던 이별의 기억을 보는 것이다. 사진에 담긴 사랑 밖으로 버려진 숱한 이별의 시간들이다. 기억이다. 사진이 감추고 있는 그때는 몰랐던 미래의 불길한 어긋남을 순간이 지난 후에야 알 수 있는 것이다. 즉, 카메라가 선택하지 않는 피사체를 우린 볼 수 없다. 심지어 선택된 피사체의 진실도. 이로써 순간의 허상에 빠져 허우적대는 사랑과 사진의 공통점이 하나 더 추가된다.

그럼 이제 나에게 가장 중요한 사진관은 무엇일까? 번개처럼 어그러진 사랑들을 기억하고 있는 곳은 아닐까? 그래서 사진관은 어쩜 이 세상을 떠난 사람들조차 자신이 현실에서 사랑했던 순간들을 무심코 되찾고 싶을 때 가장 먼저 떠오르는 곳은 아닐까?

이제 오래된 광주의 사진관들은 대개 사라졌다. 우리가 나눈 사랑처럼, 우리가 찍은 사진처럼. 그럼 우리는 어디서 우리 사랑의 기억을 찾을 수 있을까? 찾을 수 없을 것이다. 보이지 않는 것을 보인다고 믿고 이룰 수 없는

sakura COLOR FILM

문화사진관
FUJIFILM

것을 이루겠다고 나서는 인생처럼. 그리고 오래된 사진관보다 오래된 사랑에 대한 글, 사진에 대한 오래된 사랑의 말들이 주로 써지게 될 이 글의 운명처럼 말이다.

1917년 일본인의 사진관 기록

광주의 사진관에 대한 기록은 현재 1917년이 가장 오래됐다. 일본인 기타무라 유이치로(北村友一郎)가 1917년에 쓴 『광주지방사정(光州地方事情)』「龍野書店(다쓰노서점)」에는 당시 광주에 있는 상점들에 대한 기록이 있는데 그중 사진관에 대한 정보가 나와 있다.

사진사(寫眞師)란 항목 옆으로 '우라카와 사진관(浦川寫眞館)'이 부동정(不動町)에 있고, '사카모토 사진관(板本寫眞館)'이 서문통(西門通)에 있다고 쓰여 있다. 사진사(寫眞師)는 시계상(時計商), 어용상(御用商, 관청용품 납품점), 양복상(洋服商), 첩상(疊商, 다다미), 인판포(印版鋪, 인쇄소), 하태상(下駄商, 게따-일본신발- 판매점)과 나란히 기록되어 있고 각각의 상점들도 주소가 적혀 있다.

그리고 다른 페이지에는 네모난 명함처럼 '사진(寫眞)'이라는 큼지막한 글씨 아래 우라카와 사진관(浦川寫眞館)이 광주 서광산정(西光山町)에 있으며 주인은 우라카와 구마타로(浦川熊太郎)로 적혀 있다. 우라카와 사진관과 사카모토 사진관의 이름도 일본식 성을 딴 것으로 당시 사진관의 상호는 주인의 이름을 내걸고 한 것으로 보인다.

현재 지명으로 보면 부동정은 지금의 불로동이고 서문통은 충장로에서 황금동 방향으로 가는 길을 가리킨다. 당시 일본인들이 조성한 혼마찌(本町)인 지금의 충장로와 금남로 1가 방면에 사진관들이 있었던 것이다. 혼마찌는 일본인들의 주 거주지이자 상권으로 사진관의 주요 영업대상도 일본인들이었을 것으로 보인다. 또, 다른 우라카와 사진관이 있는 서광산정은 남금동(南錦洞)의 일원이었다가 1998년 서석동(瑞石洞)과 통합된 현재 인쇄소들이 즐비한 서남동(瑞南洞)이다.

속단할 수 없지만 우라카와라는 이름을 가진 부동정과 서광산정의 사진관은 우라카와 구마타로가 운영하는 두 곳의 사진관이었지 않나 하는 생각이다. 지금이야 가까운 거리라고 생각할 수 있지만 당시에는 광주천의 지류들이 흐르고 있었기에 기록자의 혼동으로 주소를 달리 적은 것이라고 보기엔 힘들기 때문이다. 그럼 1917년 광주에는 우라카와 사진관이 부동정(불로동)과 서광산정(서남동)에 각각 한 곳씩, 사카모토 사진관이 서문통(충장로)에 최소한 3곳의 사진관이 있었다는 결론이 나온다.

사진관들이 금남로 충장로 쪽에 몰려 있었던 이유는 그곳이 관공서 부근이었기 때문일 것이다. 1896년 전남도청이 나주에서 광주로 이전하며(현재 전일빌딩이 도청 자리) 관공서들이 도청을 중심으로 형성되었다. 사진과 관공서의 관계가 긴밀해진 것은 1906년부터 증명사진제도가 도입되었기 때문이다. 1906년 세무 주사 선발 시험에 대리시험이 너무 많아 사진으로 가려내기 위해 응시생들이 단체로 사진을 찍고 밑에 이름을 적게 만들었다. 단체로 찍은 이유는 요즘처럼 개인이 찍어 제출할 수 있는 환경이 아니었기에 단체사진으로 대체한 것이었다. 그리고 증명사진은 감옥에 수감되는 죄수들의 측면과 정면 사진[머그샷(mugshot)]을 찍는 것이 법률화되며 더욱 권력의 대중 통제수단으로 진화해간다. 우리에겐 잊지 말아야 할 위인들인 구한말 호남의 항일의병장들과 서대문 형무소에 갇힌 독립지사들을 찍은 사진은 당시엔 모두 지배권력에 저항한 범죄인들 사진인 셈이다.

그럼 사진관을 운영한 우라카와 구마타로(浦川熊太郎)와 성만 남아 있는 사카모토(板本)는 누구였을까? 분명 자신의 이름을 내건 사진관이니 무늬만 사장이 아니라 사진을 찍는 사진가였을 것이고 아직 예술사진이 활성화되기 전이므로 관청과 일반고객들이 요구하는 영업사진을 전문으로 하는 사진관이었을 것이다. 현재까지 기록으로 광주의 사진관을 운영했던 최초의 사진가인 그들은 누구일까? 질문에 답하기에는 분명 오래 걸릴 것이나 확실한 답변 하나는 최소한 1917년 광주의 사진관들은 일본인에 의해 운영되고 있었다는 것이다. 그리고 1882년 조일수호조규속약(朝日修好條規續約) 체결 이후 한국 내 상업활동이 보장되면서 본격적으로 조선에 진출한 일본인들이 남산과 충무로 일대에 사진관을 연 지 30년이 훨씬 지난 1917년 광주에는 분명 3곳 이상의 사진관이 더 있었을 것이다.

다른 기록을 보자. 1920년 8월 19일자 매일신보(每日申報) 지방통신란에 8월 15일 광주에서 사진회가 조직되어 작품 전람회를 개최했다는 기사가 실려 있다.

광주사진회

광주에서 사진회를 조직ᄒᆞ야 매일례회를 개ᄒᆞᆫ다ᄂᆞᆫᄃᆡ 15일 광주 북문통 磯井藥店(이소이 약방)에셔 기 발회식 겸 작품전람회를 개ᄒᆞ얏스며 목포 송정리 방면의 출품도 만앗더라

— 매일신보, 1920. 08. 19.

딱 한 줄의 기사에는 광주 사진관에 대한 여러 실마리가 담겨 있다. 먼저 사진가들이 모이는 사진회라는 모임의 존재 확인이다. 그리고 광주뿐 아니라 목포와 송정리에 적을 두고 있는 사진가들이 있었다는 것이다. 1917년에 사진관이 세 곳이 있었고 1920년에는 사진작품 전람회를 할 정도로 광주에는 사진을 찍는 사람들과 관람하는 사람들이 많았다는 사실이다.

『광주시사』(1980, 삼화인쇄주식회사) 권2 사진편에는 한 페이지도 안 되는 아주 작은 분량으로 광주사진사를 정리하고 있다.

광주·목포·여수·순천 등 각 시군에는 몇 개씩의 상설사진관이 있어 가족사진 등을 촬영했으며, 특히 광주에는 일본인 경영의 사진관이 3~4개소가 있었고, 조선인 경영의 춘원사진관(春園寫眞館)·남산사진관(南山寫眞館) 등이 있었다. 그중에도 춘원사진관은 고도의 사진기술과 품위 있는 사진 제작으로 고객들의 신뢰와 환영을 받았고, 8·15 해방 후에도 계속 경영하다가 그 후 그 자제가 계승 운영한 정평있는 사진관이다. 또한 해방 전부터 사진에 종사해온 정재호(鄭在

諸官廳御用達 **上田範二商店** 光州東門通 電話一二〇番	東門通十七番地 **疊商** 田中疊店 新古入替大勉强
染工一式、洗張洗濯浸拔 形付、其他一切 **有木染工場** 有木勇作 光州東門通リ	**寫眞** 光州西光山町 **浦川寫眞舘** 浦川熊太郎

2216

1

寫眞師
浦川寫眞舘　不動町　板本寫眞舘　西門通
時計商
田川健之助時計店　北門通　藤本時計店　北門通　鈴何富吉　西門通　竹井時計店　南門通　堀岡一時計店　北門通
御用商
角田貞雄商店　西光山町　上田範二商店　東門通　藤井洋家具店　北門通　若松卯吉商店　東門通　安山商會　西光山町　淸水重一商店　同
洋服商
渡部洋服商店　西門通　三浦洋服店　北門通　木所洋服店　東門通
疊商
田中疊店　東門通　金物文次郎　同　吉永儀六　不動町
印版舗
齋藤亨太郎　西門通　岡田一文治　北門通
下駄商
高田時太郎　北門通　佐藤下駄店　西門通

七一

2257

2

3

1. '사진'이라는 큼지막한 글씨 아래 우라카와 사진관(浦川寫眞館)의 위치와 주인의 이름이 적혀 있다. 당시 사진관의 상호는 주인의 이름을 내걸고 한 것으로 보인다. 서광산정은 현재 인쇄소들이 즐비한 서남동을 가리킨다.
2. 사진사란 항목 옆으로 '우라카와 사진관(浦川寫眞館)'이 부동정(不動町)에 있고, '사카모토 사진관(板本寫眞館)'이 서문통(西門通)에 있다고 쓰여 있다. 부동정은 지금의 불로동이고 서문통은 충장로에서 황금동으로 가는 방향의 길을 가리킨다.
3. 1946년 〈광주 미국공보원 문화연구소〉, 이경모. 당시 미공보원은 사진뿐 아니라 영화상영, 미술전시, 음악감상, 외국잡지와 서적 등을 일반에 공개하거나 광주문화예술계의 주요 후원자임을 자처했다.

鎬,작고)도 아세아사진관(亞細亞寫眞館)을 경영하였는데 그 기법과 업적은 광주사단(光州寫壇)에 많은 감화와 영향을 남겼다.

– 『광주시사』(1980, 삼화인쇄주식회사) 권2 사진편

별다른 연대와 위치가 나와 있지 않지만 해방 전 광주에는 일본인과 한국인이 운영하는 사진관이 있었고, 한국인 사진관의 상호는 사진가 이름을 내건 일본인 사진관과 달리 '춘원'이나 '남산'처럼 서정적인 풍경을 연상시키거나 '아세아'처럼 국제적인 이미지를 연상시키는 상호를 썼다는 것을 알 수 있다. 또, 증명사진이나 초상사진만이 아니라 가족사진과 같은 기념사진을 찍는 풍토가 보편화되었고, 앞선 1920년 매일신보에 언급된 목포와 송정리 외에도 여수와 순천에도 상설사진관이 존재하고 있었다는 사실이다.

박종길이 기술한 『목포시사』(2017) 사진편에는 1910년대 목포에는 일본인들이 운영한 사진관이 미라다이 사진관(오거리 유달의원이 있던 자리), 야마모도 사진관(일본 영사관 건너편 현대여관이 있던 자리), 오에사진관(목포사진관), 마쓰모도 사진관, 시바다 사진관 등이 있었고, 한국인 사진관으로는 일본 오리엔탈사진학원을 졸업한 곽종선(郭鐘善)이 운영하던 OK사진관이 있었다고 한다.

일본인이 물러간 해방 후에는 장봉규의 삼천리사진관, 정규봉의 조광사진관과 천연당사진재료점 겸 사진관, 김병준의 대창사진관, 박병길의 신명사진관, 오에사진관을 인수한 조남기의 목포사진관, 만주 봉천 세계사진콘테스트 입상자였던 일본인 야마모도에게서 사진을 배운 주창언의 경제사

진관 및 예식장, 노봉기 고려사진관, 최재기 제일사진관, 이기재 송도사진관, 김형태 고향사진관, 곽종선에게 사진을 배운 박종석 삼천리사진관 등이 있었다.

다른 기록을 보면 전조선사진연맹에 소속된 사진단체가 광주는 없지만 목포는 1935년부터 1937년까지 목포 광화연구회(光畵硏究會)가 목포부 상반정(현재 상반동으로 목포역 옆) 2-1 이등(伊藤)사진재료점 내에, 1937년에는 청령회(蜻蛉會)가 목포부 산수정(현재 유달동)에 있었다는 기록이 있다. 광화연구회와 청령회 모두 일본인들이 대표자이다. 한국인에 대한 기록 중에 임순태(林順泰)란 사진사가 목포사진구락부 소속으로 1936년 〈제3회 조선사진살롱〉에 입선과 1937년 〈제1회 납량사진현상모집〉에 3등과 가작을 수상했다는 경성일보와 조선일보의 기사가 있다.

사실 목포는 1897년 개항된 신도시로 서구와 근대의 문물과 문화가 첨병처럼 들어오며 호남 제1의 상업도시로 발돋움한 곳이었다. 우리에겐 비극이지만 일제 강점기 일본 본토 방향을 중심에 놓고 본다면 목포는 광주보다 훨씬 가까운 동경의 근대문화 원심력 안에 들어 있었다. 이러한 목포에 사진과 사진문화가 광주보다 훨씬 더 빨리 그리고 더욱 활성화 되었으리라는 추측은 얼마든지 가능하다.

현재 남아 있는 광주 사진관에 대한 기록도 일본인이 처음이었듯이 광주전남 사람들이 만난 최초로 카메라를 든 사람들도 일본인이었을 것이다. 실제로 1909년 일본은 한반도를 식민지화하기 위한 조선에 대한 인류학적 조사를 전 분야에 걸쳐 대대적으로 벌인다. 그중 1911년부터 조선 사람의 체질과 유형을 사진으로 기록하는 인종주의에 기반을 둔 인류학 조사를 실시한다. 1913년 4차 조사는 전남을 목표로 신안군을 시작으로 제주도를 거쳐 다시 육지로 올라와 진도 완도 여수 순천 구례 벌교 장흥 강진 해남 나주 화순과 광주에서 끝을 맺었다.

그렇다면 1913년은 광주전남 사람들이 카메라와 집단적으로 대면하게 되는 첫 번째 사례일 것이다. 물론 1913년이면 구례에 살았던 매천(梅泉) 황현(黃玹)의 초상사진(1909, 김규진 천연당사진관)처럼 지식인들과 고위 관료들에게 사진촬영은 익숙한 풍경이었지만, 아직 일반 민중들에게 카메라는 양왜의 것으로 공포의 대상이었다. 한국사진사에 기록된 최초로 사진을 찍은 이가 1863년 3월 18일 북경 러시아관에서 초상사진을 찍은 중국 사절단 이의익(李宜翼)이었듯이, 이후 개화파를 중심으로 사진은 신문물의 대명사처럼 급속하게 조선에 유입되었다.

한국 최초의 사진관은 1882~1883년경부터 시작됐을 것이라고 추정하지만, 한성순보(漢城旬報) 1884년 3월 18일자에 지운영(池雲英)이 화원(畫員) 김용원(金鏞元)과 사진관[기사에는 촬영국(撮影局)]을 개업했다는 기사를 근거로 1884년을 가장 오래된 사진관이 생긴 해로 비정한다.

그리고 김윤식(金允植)의 『음청사(陰晴史)』에는 문과 출신 정이품 이상 전·현직 관리 중 70세 이상이 된 자들만 입실할 수 있는 왕실의 기로소(耆老所)에 보관하는 초상화를 도화서의 화원이 그리는 초상화가 못미더워 옥천당사진관에서 초상사진을 단체로 찍으러 갔다는 기록이 있을 정도로 사진과 카메라의 존재는 지식인 계층에 한해서 전유된 것으로 보인다.

하지만 일반 민중들에게 사진은 놀라울 정도로 대상 인물을 꼭 같이 재현한다는 것, 그리고 카메라를 든 사람들이 서양인이라는 외세의 주범이라는 사실로 공포와 증오의 유언비어 대상이었다. 1886년 콜레라가 창궐해 수많은 사람들이 죽어가자 외국 선교사들의 의료봉사가 널리 행해졌다. 그리고 이즈음 카메라와 서양인에 대한 유언비어가 본격적으로 나돌게 된다.

서양인들이 어린아이를 유괴해 솥에 넣어 삶은 다음 말려서 가루를 내어 사진약품으로 쓴다는 것이다. 그리고 그 아이의 눈알을 빼 카메라 렌즈를 만든다는 것이다. 이는 카메라가 사람을 똑같이 찍으려면 필시 사람과 관계된 무엇이 포함되어야만 가능하다는 막연한 공포심과, 당시 사진이라는 근대 문물에 익숙하지 않은 조선 사람들을 호도하고 자신들의 이권을 지키기 위해 친일·친중파가 서로 아이를 잡아오라는 사주를 상대편이 내렸다는 유언비어를 의도적으로 퍼트리며 더욱 가속화되었다. 또, 육중하고 부피가 큰 카메라를 설치하는 외국인을 보고 대포로 오인해 신고했다는 기록과 사진을 찍으면 수명이 줄고 정신이 파괴된다는 소문들은 당시 정부의 척화정책부터 동학의 척양척왜까지 일반 민중들 머릿속에 외세를 물리치고 나라를 구해야 한다는 절실함이 가득한 아이러니한 비극의 한 대목이다.

이런 상황에서 1909년 안중근 의사의 이토 히로부미 저격은 한반도 전체에 초상사진 열풍을 가져온다. 바람 앞에 등불과 같은 나라의 상황에서 안중근 의사의 의거는 전 국민들에게 존경과 숭모의 대상이 되었고, 안중근 의사의 사진으로나마 그의 용모를 흠모하고 정신을 기리려는 사람들로 사진관이 미어터졌다. 안중근 의사 사진 판매는 대개 일본인이 운영하는 사진관의 수입을 높여주었으나 일본은 혹시나 항일운동으로 번질 것이 두려워 안중근 의사 사진 판매를 전면 금지시켰다. 분명 황현의 『매천야록(梅泉野錄)』에도 안중근 의사 사진 추모 열풍이 기록된 것을 보아 광주전남 사람들에게도 사진과 카메라의 존재가 대중적으로 인식되는 큰 계기가 되었을 것이다.

해방 후 광주사단에 대한 기록들

1982년 발간된 『광주시사』(삼화인쇄주식회사) 권3에는 장준길(張俊吉)이 집필한 사진편이 좀 더 많은 분량으로 할애되어 있다. 하지만 서술된 주요 내용은 해방 후 광주 사진계의 주요 작가들과 지역신문사들의 촬영대회, 신춘공모전에 의해 비약적으로 발전한 사진계 내용이 대부분이며, 사진관과 관련된 언급은 한 줄도 없다. 한 가지 참조할 점은 1980년 시사에는 정재호가 운영하던 사진관이 아세아사진관이 아니라 국제사진관으로 변해 있다는 것이다. 해방 전에는 아세아였다가 해방 후 국제사진관으로 상호를 변경했는지, 또는 집필자의 오류였는지는 확인할 수 없다.

대신 해방 후 광주신보(光州新報), 동광신문(東光新聞)과 한국전쟁 전후 호남신문(湖南新聞) 전남일보(全南日報) 등의 사진기자들이 찍은 현장 르뽀, 기록사진 등의 신문사진이 초기 광주 사진계를 주도하면서 해방 전의 영업사진과 다른 풍토가 정착되었음을 알 수 있다. 동시에 신문사진과 같은 현실의 리얼리티를 추구하는 사진들에서 점차 새로운 사조를 받아들여, 이경모(李坰模), 차재림(車載霖), 배춘경(裵春景), 최진(崔鎭) 등이 '데포르맨'–재현보다는 표현을 중요시하는 형식을 가리키는 말인 데포르마숑(déformant)을 가리키는 것으로 보임–을 주창하며 새로운 흐름이 나타났다고 한다. 또, 호남신문사 주최 사진현상모집과 영업사진소협회의 제1회 예술사진현상모집, 동방사진(東方寫眞)뉴스사 촬영대회가 광주 최초의 촬영대회라고 한다. 그러나 역시 구체적인 연도는 기록되어 있지 않고 총론식으로 사진편이 구성된 점이 아쉽다.

1997년 증보발간된 『광주시사』(전일실업(주)출판사) 권4에 수록된 사진편은 정현웅(鄭顯雄)이 집필했고 앞의 두 권과 달리 훨씬 많은 정보와 내용이 담겨 있다. 『광주시사』는 1994년 4월에 발행된 『광주·전남 사진사(1943~1993)』(삼화문화사)의 내용을 거의 참조한 것으로 보인다. 앞의 시사들과 달리 1943년부터 1993년까지 연도별로 광주전남의 사진 관련 모든 역사를 기록하겠다는 듯이 사진전, 촬영대회 등 사진 행사와 수많은 사진협회 회원들까지 정리하고 있다.

뒷면의 판권지를 보면 광주전남사진사 편찬위원회가 스물두 명이고 위원장은 송진화가 맡았다. 편찬위원회 대부분 이경모, 최인진, 강봉규, 신복진 등 한국 사진계의 명망 있는 작가들이 맡고 있다. 또 인쇄와 출판은 강봉규가 1980년 전남일보 사진부장을 그만두고 설립한 삼화문화사이다. 통상 편찬위원장 이름으로 나오는 발간사가 없고 강영기 광주시장과 구용상

전남도지사의 격려사, 이명복 한국사진작가협회 이사장의 축사 옆에 강봉규의 축사로 보아 『광주·전남 사진사』기획과 실행은 강봉규가 도맡아 한 것으로 보인다.

『광주·전남 사진사』는 2016년 광주시립사진전시관이 개관하고 2019년 광주광역시가 온라인으로 시청각자료실(http://gjarchive.kr)을 개방하고 있지만 현재까지 가장 체계적으로 정리한 광주 사진사와 관련된 유일한 책이다.

『광주시사』와 『광주·전남 사진사』를 비교해가며 광주사단의 주요 흔적을 간략하게 정리하면 다음과 같다.

광주 사진사의 최초 사진전은 1943년 11월 동방극장(해방 후 무등극장으로 바뀜) 옆 다방에서 개최된 〈전남예술사진전〉을 광주전남 사진사의 원년으로 비정하고 있다. 당시 출품자는 백학기, 윤관혁, 진병준, 허승이었다. 하지만 앞선 1920년 매일신보의 기록처럼 광주 사진사의 최초 전시회는 훨씬 그 이전부터 연구조사 되어야 한다. 1943년으로 비정한 이유는 일본인이 아닌 한국인의 사진전시회이기 때문으로 추측된다.

1946년에는 장성 백양사에서 광주사진연예회(회장 윤관혁) 창립기념 촬영회와 해방기념 전남예술사진 공모전이 호남신문사 주최로 중앙초등학교 강당에서 열렸고 이경모, 김영석, 조용섭 등이 수상하였다. 당시 심사위원은 윤관혁, 백학기, 전병순이었다. 또, 지금의 미문화원 전신인 미공보원(USIS : United States Information Service) 주최와 호남신문사와 광주사진연예회 후원으로 제1회 호남문화사진전이 미공보원 전시장에서 열렸다. 그리고 1946년 김동식, 차재림이 충장로 3가에 상업사진 스튜디오를 개설했다. 하지만 사진관의 명칭은 기록되어 있지 않다.

사진작가들의 사진전시회도 활발해졌다. 1948년 이경모는 〈여순반란소탕전 사진전〉(국방경비대 4연대 주최), 1950년 〈낙동강전선 사진전〉(전남지구 계엄사령부 보도과 주최)을 충장로 1가 거리에서 가졌다. 또, 1949년에는 〈대한민국 독립 1주년 기록사진전〉을 광주 미공보원에서 개최했다. 미공보원은 지금 옛 전남도청 5·18민주광장의 상무관(당시는 무덕전) 뒷편에 있었다.

당시 미공보원은 사진뿐 아니라 영화상영, 미술전시, 음악감상, 외국잡지와 서적 등을 일반에 공개하거나 광주문화예술계의 주요 후원자임을 자처하며 공산주의에 대항한다는 자유주의 미국의 문화적 가치를 전파하는 중요기관이었다.

그런 면에서 이경모의 미공보원사진전의 제목이 독립 1주년 기념이라는 점은 의미심장하다. 우리에겐 1945년이 일본으로부터 해방된 해인데 미공보원은 1948년 미군정이 종식한 해를 우리가 독립한 해로 보고 있는 셈이다.

미군정은 1945년 9월 16일부터 1948년 8월 15일까지였다. 미군정이 종식된 1948년 8월 15일은 남한만의 국가가 수립선포된 날이고, 그 국가는 남한 단독정부 수립에 반대하고 같은 민족을 죽일 수 없다고 일어선 제주도와 여수·순천의 민중들을 학살하고 수립한 것이었다. 그리고 여순민중항쟁의 가장 중요한 사진기록자는 이경모였다. 이경모가 충장로 1가에서 가두 전시했다는 〈여순반란소탕전 사진전〉, 〈낙동강전선 사진전〉은 반란군이 모두 진압되고 인천상륙작전으로 전세가 뒤집어진 시기에 개최됐다. 두 전시 모두 혼란스러운 시국에 적과 아를 구분하고 잠재적인 적들에 대한 일종의 경고와 공포로 작용하며 국가 만들기에 사진이 적극 활용되었다.

지금도 여순민중항쟁의 사진들 중 초등학교 운동장에 양민들을 모아놓고 부역자를 색출하는 장면은 국가의 위력과 동일시되었을 카메라 앞에 언제 죽을지 모르는 무력한 피사체에 불과한 불안에 떠는 민중의 모습이 생생한 전율을 일으킨다. 그러나 수잔 손탁(Susan Sontag)이 갈파한 것처럼 우리는 타인의 고통이 더욱 잔인하게 전시되는 사진만을 좇듯이 1980년 광주를 맞이하게 된 것인지 모른다. 사진과 국가간의 묘한 밀월관계는 빛과 어둠처럼 한국현대사의 결정적 순간에 항상 출현하고 있다.

미공보원에서는 1952년 천경자, 조복순, 김보현, 이경모의 〈4인전〉도 열렸다. 실상 19세기 사진의 등장 이후 현재까지도 사진이 회화와 같은 예술이냐 아니냐의 논쟁이 있을 정도이고 그로 인해 회화사진(pictorialism)이 초기 예술사진의 한 영역으로 불리웠다는 점은 예술계와 일반의 사진에 대한 폄하를 보여주는 사례이다. 피에르 부르디외(Pierre Bourdieu)가 사진을 '중간예술(Un Art Moyen)'이라 부를 수밖에 없었던 맥락도 그와 같다. 사진가들이 사진사(寫眞師)들을 예술사진가와 상업사진가로 나누고 예술사진 중심으로 사진사(寫眞史)가 기술되면서 보통 사람들이 평생 동안 찾은 상업사진관에 대한 기록 등이 찾기 힘든 이유이다. 그래서 '예술이 아닌' 영역이기에 기록될 수 없었던 '사진사'들의 목소리를 담고 싶었다. 최근에서야 디자인에 대한 관심이 고조되고 예술영역으로 넘어오면서 광고사진이 조명되고 있는 정도이다.

당시 미공보원의 〈4인전〉 네 명의 작가 중 누가 더 인기가 있었는지 모른다. 하지만 해방 후 신문에서 사진기자의 위상과 리얼리즘 사진을 정착시키는 데 중요한 역할을 한 이명동(李命同)은 사진이 회화보다 훨씬 인기가 많았다고 한다. 이명동은 2008년 국립현대미술관 〈한국현대사진60년〉전을 맞아 한국전쟁 후 사진계를 회고하며 열린 미도파백화점의 박고석(朴古石) 전시는 신문 톱으로 장식해도 사람이 없지만, 기사 한 줄 안 실린 임석제(林奭濟)와 이건중(李健中)의 사진전에 사람들이 미어터지는 것을 기회로 신문에 사진부장이 별도로 있어야 한다며 편집국을 설득할 수 있었다는 구술을 남긴다.

1955년 11월 YMCA에서 열린 제1회 이경모 사진선은 흑백과 칼라가 각각 50점의 대규모였고 이 중 칼라사진은 야간에 환등기로 감상을 하는 새로운 형식의 사진전이었다. 광주KBS 김옥순 아나운서가 작품해설을 곁들이고 최상옥이 효과음악을 담당하며 일종의 사진 상영회 같은 분위기가 연출됐다. 전시된 사진은 기존의 보도사진류만이 아닌 「무등산」, 「조춘(早春)」 등의 풍경과 여인의 나체를 찍은 사진이 주를 이루었다.

1954년 광주가 아닌 목포에서는 〈세계저명사진작가 작품전〉이 목포사진예술연구회 주최와 유엔한국협회(UNAK : United Nations Association of the Republic Of Korea)후원으로 열렸다. 앙리 카르티에 브레송(Henri Cartier Bresson) 등 11개국 25명의 작가들의 작품이 목포 남가다방에 전시

되었다. 목포사진예술연구회는 한국전쟁 후 목포에 주둔하고 있던 해군 경비부 정훈실에서 여러 문화예술분야에 대한 후원을 통해 1953년 창립되었고 초대회장은 이승모(李承模)였다. 〈세계저명사진작가 작품전〉은 흑백 은염사진(銀鹽寫眞)이 아닌 천연색사진으로 사단과 일반인들에게 큰 충격과 영향을 준 전시회였다. 목포사진예술연구회는 정영진(鄭永鎭), 유승열(劉承烈), 천우복(千友福), 이영원 등이 창립회원이었다.

1950년대 한국사단에서 중요한 사건은 〈인간가족(The Family of Man)〉 전시회다. 1957년 4월 3일 경복궁미술관에서 열린 이 전시는 사진계뿐 아니라 30만 명이 관람했다는 기사처럼 전 국민적인 관심과 흥행을 낳았다. 〈인간가족(The Family of Man)〉전은 뉴욕현대미술관(MoMA) 사진부장 에드워드 J. 스타이컨(Edward J. Steichen)이 1955년 개최한 사진전으로 전문가와 아마추어, 유명인사와 평범한 시민을 가리지 않고 68개국의 273명에 이르는 사진작가가 촬영한 503점이 출품된 전시였다. 두 번의 세계대전과 한국전쟁, 냉전과 메카시즘의 광기, 그리고 핵전쟁에 대한 공포와 두려움을 인간 본연의 삶의 모습과 인류애로 극복해야 한다는 메시지가 깔린 이 전시회는 1950년대 한국사단을 생활주의 사진, 리얼리즘 다큐멘터리 사진 중심으로 만드는 결정적 계기가 된다.

1957년 광주에도 사진협회가 창립된다. 광주사연회(寫研會)와 광주 5인사동회(寫童會)이다. 사연회는 유승렬, 차재림, 송진화, 최진, 국진영, 배춘경, 정기수 회원과 오종태가 회장이었고 4월 뉴그랜드 다방에서 창립전을 열었다. 5인사동회는 김은필, 이호명, 김용택, 이진권이 회원으로 강봉규가 회장을 맡았고, 6월 아카데미다방에서 창립전을 열었다. 당시 아카데미 다방은 클래식을 전문으로 취급하던 음악다방이었고 전후(戰後) 무력한 시대 앞에서 실존주의에 탐미하던 젊은 지식인과 예술인들이 모이는 곳이었다.

오종태는 화가 배동신과 1958년 광주 나하나홀과 목포 오거리다방에서 2인전을 개최하는 특이한 이력을 보인다. 특히 나하나홀은 오종태가 운영하던 나하나그릴이라는 경양식을 팔던 음식점과 같은 곳으로 추정된다. 나하나그릴은 당시 언론사의 보도사진 중심의 사단 분위기에서 사진가들의 주요 사랑방 역할을 했던 것으로 회자되는 것을 보아 전시장과 음식점, 그리고 사진관도 함께 운영되는 일종의 복합문화공간이었을 것으로 추정된다. '나하나'라는 명칭의 뜻을 알 수 없지만 오종태에게 나하나는 사진관과 음식점으로 생계를 유지하는 곳이자 친한 작가들의 전시가 이루어지는 공간이었을 것이다.

한 가지 초창기 광주 사진가들에 비해 잘 알려지지 않은 오종태에 덧붙이자면 그는 1987년 9월 서울 우정미술관에서 열린 〈눈〉전에 출품된 것으로 보이는 「아우슈비츠1, 2」란 제목의 사진을 내놓는다. 물론 그전인 1963년 서울 신문회관과 자신의 나하나홀에서 개최한 개인전 〈눈〉전에서 선보였을 수도 있다. 그러나 정확한 촬영년도와 작품의 의도는 알 수 없고 한국 현대사의 질곡과 오욕의 역사를 온몸으로 겪었을 광주의 사진가가 '아우슈비츠'란 제목을 단 것이 역사적 상상력을 발동시킨다. 작품을 본 사단에서는 예술사진으로 불리웠을 피사체의 조형성에 집중한 무등산의 눈 사진에 아우슈비츠란 제목을 붙인 이유는 왜였을까?

그와 함께 2인전을 연 배동신(1920~2008)은 1937년 밀항해 동경 가와바타미술학교(川端画学校)를 졸업하고 해방 즈음에 일본인 아내와 귀국했다. 담양 출신인 오종태(1917~2008)는 사진전문학교로만 알려진 동경 히라(比良)학교를 1934년경 다녔고 만주를 거쳐 광주에 정착했다고 하나 그에 대한 정확한 행적은 알려져 있지 않다. 배동신은 전통 남종화와 구상화가 전부였던 광주화단에 추상화와 수채화로 충격을 던진 작가였고 오종태는 신문사진이 중심이던 광주사단에서 순탄치 않은 이력과 사진으로 변방에 머물렀던 것으로 추정된다.

광주사연회는 회장 오종태–1958년은 송진화 회장–를 중심으로 1960년까지 회원전을 네 번 개최했고, 오종태 역시 배동신과 1961년 5·16쿠데타가 일어나기 전 3월에는 순천교차로 다방에서 4월에는 여수 알젠진 다방에서 2인전을 이어나갔다. 특히 1958년에는 광주사연회 차재림이 국전에서 작품 「어화(漁火)」로 부통령상을 수상하며 아카데미다방에서 광주사연회와 전남일보 주최로 〈사진예술의 밤〉행사가 열렸다.

그러나 1961년 박정희의 군사정변 이후 사연회와 사동회 등 사진 단체들은 사회정화란 이름으로 모두 해체되고 한국사진작가협회전남지부가 1962년 창립되며 광주사단은 하나의 단체로 통합된다. 1962년 2월 7일 충장로 4가 부래옥(富來屋/제과점)에서 사협창립준비위원회 첫 모임을 거쳐 2월 15일 충장로 1가 오두막그릴에서 지부장 송진화, 부지부장 강봉규를 선출하며 한국사협전남지부가 발족했고, 정부방침에 따라 예총 산하로 들어갔다.

예총은 한국예술문화단체총연합회의 줄임말로 1962년 1월 13일 창립된 단체이다. 한국사진작가협회는 1961년 12월 17일 창립되었다. 재밌는 것은 한국무용협회는 같은 해 12월 16일, 한국미술협회와 한국연예예술인총연합회는 12월 18일 총회를 개최했다는 점이다. 그야말로 예총 창립을 위해 일사불란하게 움직였던 것이다.

군사정권이 아니었다면 동지이자 라이벌로 화학적 물리적 시너지 효과를 내며 광주사단의 다양한 변화발전의 길을 만들었을 광주사연회와 5인사동회 등의 사진단체들은 사라지고 오직 각하의 흑과 백 선글라스처럼 하나의 단체만 남게 된 것이다.

남는 것은 사진밖에 없어

광주의 오래된 사진관에 대한 글을 의뢰받은 밤 무턱대고 전화를 돌렸다. 나는 태어나서 중학교 학생증을 만들기 위해 찍은 증명사진 말고는 사진관을 가본 기억이 없기 때문이다.

1990년대 초 대학시절 사진반 동아리 활동을 했던 형,

> 그때 선배들한테 듣기로는 초기 선배들이 전부 의대생들이었어. 그래서 여름 방학에 도초도 같은데 현장출사 나가면 섬 파출소에서 안내와 안전을 담보 받음서 촬영했었다고 하드라고. 의사 선생님들

이라고 또 사진기라는 신기한 물건을 가져오니까. ……쌍광하고 허바허바제. 허바허바 앞에 가면 김일이나 조오련 사진들이 좌르르 있었고, 가난해서 우리 집은 한 번도 못 찍어봤어. 쌍광도 유명인들이 많이 찍었는데, 그런데도 졸업앨범 하나도 허투루 찍는 곳이 아니란 말이 있었제.

그럼 허바허바사장(Hubba Hubba 寫場)은 내 가난한 인맥으로는 찾기가 힘들겠다는 판단을 하고 쌍광에서 졸업앨범을 찍었단 말에 동구에서 학교를 다닌 사람들을 찾았다. 그리고 주변에 카메라 들고 다닌다는 사진 좀 찍어본 사람들한테 물어봤다. 모두가 하는 공통의 말,

허바! 허바! 라고 하던 극장광고가 기억나는데, 그리고 쌍광은 우리 학교 졸업사진 찍었던 곳이야. 사진 이상하면 쌍광가서 수정도 하고. 우리 형 졸업앨범도 쌍광에서 찍어줬어.

내가 계림동 헌책방에서 교과서까지 팔아가며 모은 돈으로 광주의 거의 모든 극장에서 영화를 봤는데도 나는 타잔 복장을 하고 "아아아" 하는 동산갈비 광고 말고는 기억이 안 났다. 대신 쌍광스튜디오와 인연이 깊은 후배를 만났다. 후배의 아버지께서 신양파크호텔에 근무하실 때 당시 쌍광이 호텔에 분점을 내 이런저런 일들을 하며 친분이 있다고 하신다. 박현수(68세)님은 그렇게 찾고 찾아 만나 뵌 후배의 아버지이시다. 찾아뵙고 싶다고 후배

를 통해 전하니 집 안에 있는 앨범과 사진을 모조리 다 꺼내놓고 기다리고 계셨다.

내가 영암서 태어나 살레시오 중학교(당시엔 지금 전남대 정문 쪽에 있었음)를 1969년에 졸업했어. 당시 쌍광이 계림극장 옆 골목에 라디오 TV 수리하는 전파사랑 같이 붙어 있었는데 학생증 만들려고 가서 사진을 찍었지. 근데 얼마 후 지나가다 보니 내 사진이 사진관 앞에 턱 걸려 있는 거야. 너무 좋았지. 애들도 네 사진 걸렸다고 수군거리고. 그 후로 우리 가족사진은 전부 쌍광에서 찍은 거야.

너무 잘 생기셨네요. 혹시 다른 학교 여학생들도 수군거리거나 말 걸지 않으셨어요?

음, 우리 각시 참 예쁘지. 중매로 현대예식장에서 결혼했어. 그런데도 너무 예뻤어. 그때는 사진사들이 전부 예식장에 속해 있었지.

그러면서 결혼사진부터 아이들 사진, 회사 야유회 사진, 그리고 앨범과 함께 모아온 자신의 옛 이야기들을 스스럼없이 꺼내주신다. 영민하셨지만 가난 때문에 블라디보스토크까지 갔다 독립운동을 하고 돌아온 조부님이 전쟁통에 소련군 통역일을 하신 것, 그 일로 고초를 겪으신 이야기, 호텔에 근무하며 처음으로 비행기를 탄 일, 검정 양복과 흰색 정장을 입고 경주로

허바허바 광고. 〈전남일보〉 1977년 12월 19일.

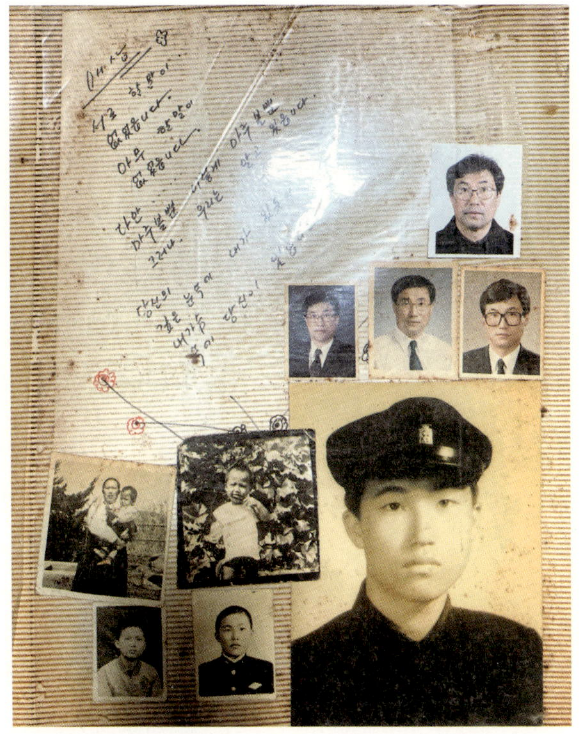

박현수 증명사진의 변천.

간 신혼여행, 아이들 유치원 입학기념으로 찍은 가족사진, 지리산휴게소-당시엔 신양파크호텔이 운영했었다고 한다-를 개소했을 때 전두환이 온다고 해서 비표 찬 사람만 행사장에 입장할 수 있어 훗날 기록이 될까 싶어 모아 두었다는 노란색과 파란색 비표들, 그리고 86아시안게임당시 무등경기장에서 9월 29일 4시에 2,000원을 내고 축구경기를 관람했다는 입장권까지. 그것만이 아니다.

아, 그 삼촌 기억 안 나냐? 아들아. 우리 집 와서 필름 걷어갔던 삼촌. ……우리 때는 신조 같은 말이 있었거든. 남는 것은 사진밖에 없다고. 그러니 놀러 갈 때 무조건 사진기를 갖고 갔어야 돼.

1980년대 말까지만 해도 동네 골목마나 사진관들이 있었고 또 동네마다 계모임이니 야유회니 하며 밖으로 향락을 즐기러 다니던 시절 카메라는 필수 준비품이었다고 한다. 그래서 모임의 총무에게는 카메라를 수급해야 할 막중한 임무가 주어졌었다. 그때 동네 사정을 훤히 아는 동네 사진관이 카메라도 빌려주고 찍어온 필름도 일일이 수거해 현상까지 맡아 되돌려주는 원스톱서비스가 있었다고 한다. 여기서 잠깐, 삼오필름 대표이자 현재 한국사진작가협회 광주지회 최영태 회장님의 이야기를 듣고 가보자.

91년도부터 사진재료상을 했어요. 후지필름 총판도 했고. 사진도 찍고 그러다 제가 5·18사적지만 수십 년째 찍고 그걸로 논문까지 썼어요. 90년대 말까진 동네 사진관들이 전성기였다고 봐야죠. 사진을 한 장만 빼는 것이 아니라 인원수대로 빼잖아요. 똑딱이가 나온 후에도 출력을 그럭저럭 했죠. 그런데 똑딱이 대신 핸드폰이 사진기가 되면서 다 무너졌죠. ……지금 양동에 영상칼라랑 문화사진관, 방림동으로 오면 방림사진관이 있었는데 지금은 안 하시고 노대동 다니시는 것 같고. 봉선동 쪽엔 축복사진관이 오래되었죠. 송정리에는 송정칼라가 오래되고 유명하죠.

다시 아버지. 컷! 한참을 후배까지 닦달해도 그 삼촌 이름이 기억이 안나자—아버지는 핸드폰까지 뒤지셨다— 앨범마다 보관되어 있는 사진관과 현상소 봉투와 어디 사진관에서 찍었다는 인장이 박히고 하트 모양의 틀 안에 들어간 증명사진들, 앨범을 장식하는 다양한 접착제 스티커 등을 보여주신다.

그러게요. 사진관만이 아니라 앨범 장식의 변천사만으로도 책 한 권 내도 되겠어요.

아버지의 이야기는 끝이 안 났다. 아버지도 나도 끝내고 싶지 않았다. 기억은 사진을 통해 촉발되고 사진은 발화되는 기억을 통해 찰나의 침묵을 부르며 의미가 만들어졌다. 끝이 안 나는 이야기는 동네 단골 홍탁집까지 이어졌다.

아이들 색감 공부될까 싶어, 우리 호텔 사보부터 광주에 나오는 잡지들은 다 모아줬어요. 왜냐 거기에 칼라사진들이 많았거든. 근디 그걸 몇 년 전에 다 고물상에 넘겼어요. 전부 짐이라고 저승 가면 업 보라고 식구들이 하도 그래싸서.

후배가 근대 회화사를 전공한 이력이 아버지한테 나온 거구나. 후배는 초등학교 때부터 우표수집광이고 지금도 도록에 나온 회화사를 전부라고 생각하지 않고 끝없이 고미술상과 온라인 경매 사이트를 뒤지며 자신만의 회화사를 구축하려고 애쓰고 있는 친구이다.

"아버지가 엥간했어야제"라며 핀잔을 늘어놓자 "난 다 네들 교육 때문에"라며 티격태격하는 부자를 보니 끼어들면 안 될 흑백사진 속에 들어온 것 같다는 착각이 들었다. 그리고 나도 집에 가고 싶어졌다. 나는 아버지와 어머니 그 누구와도 둘이서 함께 찍은 사진이 없다. 각시와 혼인했을 때, 아이들이 돌이 되었을 때 단체로 찍은 가족사진이 내가 아버지, 어머니와 찍은 유일한 사진이다. 그래도 혹시나 하는 술기운에 집에 있는 사진과 앨범들을 뒤졌다. 없었다. 부모님 영정사진은 어떡하지?라는 못돼먹은 생각부터 밀려왔다. 십여 년 전부터는 스마트폰 때문에 출력이나 현상해놓은 사진 한 장도 없었다.

금세 지쳐 포기하고 처갓집이 위층인 관계로 오밤중에 올라가 장인 장모님의 졸업앨범까지 다 들고 내려왔다. 그리고 하나씩 펼쳐보았다. 십대 시절의 까까머리 장인어르신과 지금 우리 애들 마냥 아장아장하던 때부터 교복 입고 천방지축 날뛰는 이제는 계절이 다 져버린 각시의 사진들이 목구멍을 깊숙이 찌르고 들어왔다.

사람은 죽어 이름이 아니라 사진을 남기는 것은 아닐까? 정말이었다. 바닷가 모래를 움켜쥔 것마냥 모든 추억은 빠져나가고 남는 것은 사진밖에 없었다.

슬픈 얼굴 짓지 말아요

쌍광사진관의 정제식 대표(77세)는 호인이었다. 나이가 믿기지 않을 정도로 자세가 하나도 흐트러지지 않고 말에 거침이 없었다. 나주 봉황이 고향인 그는 광주 남중(지금의 무진중)을 졸업하고 고향에서 한학 서당을 1년간 다닌다. 그리고 1959년 새해 아버지께 세배를 드리고 가난한 집안 사정으로 대전직업보도원에 들어간다. 당시 대전직업보도원은 정부가 전쟁 후 상이군인과 군경의 자제들과 극빈층을 위해 무상으로 교육을 실시하려는 목적으로 만든 일종의 직업전문학교였다. 거기서 그는 이발, 세탁, 사진, 미용, 제화, 인쇄, 목공, 라디오 수리 8개 과정 중에 사진을 선택한다. 사진과정은 16명이 동기생이었고 1년 과정이던 학교를 전 과정 수석으로 졸업한다.

졸업 후 대전의 사진관에서 잠시 머물다 광주로 돌아와 대학을 다니는

친구들을 보며 사진으로는 내가 최고가 되겠다는 결심으로 사진기술 수련에 전력을 다한다. 원래 쌍광사진관은 기씨 성을 가진 분이 충장로 1가 동방극장 옆에서 개업했고 그 다음 계림극장 옆으로 이전했다. 정제식 대표는 1970년 쌍광사진관을 인수하고 1974년부터는 현재 계림오거리로 이전해 지금까지 한 곳에서 자리를 지키고 있다.

쌍광사진관을 인수했을 때 이미 앞서 나가던 허바허바사장(김상수)과 세계사장(정기홍)을 뛰어넘겠다는 각오로 사진관을 운영했다. 1974년 지금의 자리로 이전한 이유는 바로 '인물사진은 쌍광'이라는 세간의 평판과 함께 이젠 다른 경쟁 사진관보다 훨씬 잘 할 수 있다는 자부심 때문이었다. 1990년대 초반 만든 쌍광사진관의 리플릿에는 '인물사진은 쌍광'이다는 평이 얼마나 강했던지 '쌍광 스튜디오는 인상사진만을 고집하는 스튜디오가 아닙니다'라는 카피를 넣었을 정도였다.

쌍광사진관과 함께 모두가 말하는 허바허바사장은 '추억의 순간을 영원히'라는 카피를 내걸었었고 1969년 충장로 2가 15번지(광주우체국 앞)에서 개업을 한 것으로 추측된다. 그리고 1977년 12월 20일 금남로 1가 관광호텔 부근의 화랑다실 옆으로 이전한다. 당시 하루 전 전남일보에 실린 이전 광고를 보면 "세계적으로 이름난 유스타칼라 촬영기를 도입 특수조명시설과 50여 평의 칼라 흑백 스튜디오를 분리하여"라는 인사말과 함께 "개업식은 오후 5시"라고 되어 있다.

쌍광사진관 운영 초반에는 스튜디오에 동창을 내어 자연광을 주광원으로

쌍광은 사진예술의 美만을 고집합니다.

한편의 영화를 촬영하듯이 생동감있고 힘찬 사진을
연출해 내는 쌍광스튜디오—
ART적인 감각이 혼합되어
어우러져 엮어내는 환상과 환희의 영상예술은
쌍광만의 자랑이며 어떠한 악조건에서도 아름다운 작품을
만들기 위함이라면 투자와 노력을 아끼지 않는것이
쌍광의 자랑이며 쌍광의 정신입니다.

쌍광은 언제라도 뛰면서 일하고 있습니다.

순간의 아름다운 추억들을 위해서 빛내드리고 있는 쌍광스튜디오—
스튜디오에서의 연출된 생애 최고의 사진연출과
웨딩전문 연출자가 상주하고 있는 쌍광은 예식, 기록스냅사진은 물론
어떠한 장소에서도 그곳의 분위기에 맞는 연출을 해드립니다.

쌍광은 아기만을 위한 연출을 합니다.

자장 자장 우리아기 소록소록 잠들라……
아기는 나라의 보배요 여러분의 꿈입니다.
아기와 함께 어우러져 가는 엄마와 아빠와의
추억과 순간들을 저의 쌍광은 놓치지 않고
카메라에 담고자 합니다.

쌍광은 우리 빛고을에서 처음으로 테크닉을 요구하는 상업사진을 촬영하고 있습니다.

빛의 그림이라고 하는 영상 예술의 극치—
빛의 조화와 색재현의
아름다움을 표현할 수 있는 테크닉—
이제 쌍광에서 찾아보십시요.

삼은 일광촬영, 햇볕이 약해지는 오후 무렵에는 주로 마그네슘을 터트려 빛을 만들어 찍는 사진, 그리고 암막을 친 스튜디오에서 전구와 조명을 빛으로 삼아 찍는 기술, 그리고 근래 디지털사진까지를 모두 경험했다. 사진관을 알리기 위한 광고도 다양하게 시도했다. 초반에는 계림극장에 사진을 슬라이드 필름처럼 넘기며 “세월은 유수와 같이 흘러가버리지만 우리들의 추억은 사진관에서 남깁니다.”라는 서정적인 카피는 1990년대 리플릿까지 이어지며 지금까지도 쌍광사진관의 대표적인 브랜드가 되었다. 또 1980년대 자가용이 증가하자 시내 택시 뒤에 “〈교통안전〉(쌍광사진관)”을 부착한 광고를 하기도 했다. 일종의 공익광고 콘셉트로 사람들이 ‘사진관이 저런 일까지 한다’며 사진관 전체에 대한 이미지가 긍정적으로 높아졌다고 한다.

지금도 사전예약 없이는 사진을 찍을 수 없다는 쌍광사진관은 촬영하러 올 때 반드시 헤어, 메이크업, 의상을 꼭 자기에 맞게 갖춰서 하고 오라고 신신당부한다. 그렇다고 그가 이렇게 인물의 외양에만 집중하는 것은 아니다. 가장 잘 나온 인물사진은 그 사람의 마음이 우러나왔을 때라고 힘주어 몇 번이고 말한다.

> 나는 몇 번이고 몇백 번이고 딱 한 장의 사진을 얻기 위해 셔터를 눌러대. 그리고 그 사람의 긴장감을 없애주기 위해 농담도 자주 던지지. 웃는다고 다 웃는 것이 아니야. 자기가 국회의원이든 주부든 병에 걸린 사람이든 아니든 자신만이 낼 수 있는 웃음이 있다고 그 순간이 있어. 그건 나와 그가 교감했을 때 딱 한순간에, 그때 나오는 거

여. 그것을 놓치지 않은게 사진이야.

사진을 오래 찍은 경험에서 우러나온 말이기도 하지만 그는 사진관을 열며 인물사진의 최고가 되겠다는 초심을 지키기 위해 광주대에서 「인물형태에 따른 영업사진 촬영 방법 연구」(2003)로 석사학위까지 땄다. 1980년대부터 미국과 구미 등을 다니며 배운 그들의 사진문화와 기술, 한국인만의 얼굴형태가 가진 특징대로 촬영하는 방법과 기술, 십수 년 쌓은 현장의 경험을 접목해 논문으로 제출했다. 서양에서 들어온 카메라는 서양인의 얼굴에 맞는 것일 텐데, 그럼 우리나라 사람들을 찍어 먹고 사는 나는 어떻게 찍어야 잘 찍을 수 있을까가 논문의 시작이었다고 한다. 그의 열정은 도대체 어디까지일까?

나 때문에 우리 애들이 모두 사진을 전공했어요. 큰아들은 미국에서 초상사진 공부했고 며느리도 사진가예요. 셋째 아들도 사진 전공해서 지금은 시내에서 스튜디오를 운영하는데 여기 나랑 같이 쌍광도 운영하고 있는 셈이에요.

초상화의 나라였던 조선시대 초상화를 그리던 화원들은 무수히 많았지만 당대 최고라는 평을 받은 이들은 많지 않았다. 국수라 불리며 정조어진 제작도 함께했던 이명기가 얼굴을 김홍도가 몸을 그려 합작한 「서직수(徐直修) 초상」(1796년)에는 서직수 자신의 발문이 적혀 있다.

두 사람은 이름난 화가들이지만 한 조각 내 마음은 그려내지 못했다.

'터럭 하나라도 틀리면 내가 아니다'라는 조선 초상화의 절대과제인 전신사조(傳神寫照)를 이뤄내기 위해, 그들은 초본을 그리고 또 그렸다. 그런데도 '한 조각 마음'도 그려내지 못했다는 혹평을 받는다. 심지어 서직수 초상은 정약용이 자신의 형 정약전의 집에 카메라 옵스큐라(칠실파려안(漆室玻瓈眼)로 이기양(李基讓)의 초상화 초본을 그리는 모습을 기록한 지 10여 년이나 지나 그려진 것이었다.(『여유당전서(與猶堂全書)』, 「칠실관화설(漆室觀畫說)」) 즉, 18세기 후반부터 그림 좀 그린다는 화원들에게 서양화의 입체적 원근법과 카메라 옵스큐라는 초상화의 전신을 구현하기 위한 중요한 방편이었던 것이다.

쌍광사진관은 두 개의 빛이란 뜻으로 지금의 귀여운 스마일 얼굴상호는 정제식 대표가 직접 디자인한 것이라 한다. 그는 항상 웃는다. 호인으로 사람을 대하고 사람들이 호인이 되길 바라며 사진을 찍어왔다. 닮고 안 닮고를 손님에게 묻지 않았다. 아무리 외형을 닮아도 닮은 것만이 다가 아니기 때문이었다.

손님이 사진을 찾아가면서 웃으면 그도 웃었다. 호인(好人)의 호(好)에 대한 문자해설에는 두 가지가 있다. 남녀가 사랑을 나누는 모습과 어머니가 자식을 안고 있는 모습. 두 가지 모두 사랑이다. 쌍광사진관은 '우리들 모두의 추억을 남길 수 있는 곳'이라고 한다. 사실 추억은 반갑기만 하진 않다. 지나간 사진을 볼 때마다 사진에 찍히지 않은, 생각지도 않았던 시간들이 엄습해오기 때문이다. 사랑, 웃기는 거야.

> 즐거웠던 지난날을 행복했던 기억들을
> 다시 한 번 하나씩 되새기며 오늘밤을 지새요
> 안녕이란 말은 말아요 지금은 헤어지지만
> 우리들의 사랑이 다한 것은 진정 아니잖아요
> 슬퍼하지 말아요 슬퍼하며 지내기엔
> 우리들 사랑의 추억들이 너무 아름다워요

운전을 하고 오면서, 또, 사진관에 대한 글을 쓰며 수십 번 돌려 들은 송창식의 담담한 노랫말처럼 이제 사랑의 열병은 사라진 것일까?

쌍광사진관 주차장 관리실에서 계산을 하는데 여사님 웃음이 보살님이다. 온통 벽면에는 쌍광에서 찍은 가족사진들로 빼곡하다. 한 귀퉁이에 자신이 걸어 놓았다는 서산마애삼존불이 여사님과 오버랩된다. 아침 해 뜰 때부터 낮 정오를 지나 저녁 해 질 무렵까지 어쩜 그렇게 하나도 똑같지 않을 수 있는지, 신비스러운 저 백제의 미소가 그대로 여사님 얼굴에 묻어 나온다.

> 쌍광사진관 오셨는디 500원 빼줘야죠.

사진관을 나오며 차 안에서 스마일부터 '김치', '치즈', '개구리'까지 사진 찍을 때 사람들을 웃기려고 하는 통속적인 멘트들이 자꾸 떠오른다. 그래. 웃자, 웃자, 한 번만 더 웃어 보자꾸나.

사족(蛇足), 헛된 덧붙임

역시나 짧은 영화 〈환송대〉(La Jetée,크리스 마커, 1962년)는 흑백 스틸사진으로만 이뤄진 영화이다. 영화라고 말하기엔 움직이는 이미지가 하나도 없다. 그렇다고 영화의 클로즈업과 줌아웃, 배경음악과 내레이션까지 있기에 영화가 아닌 것도 아니다.

3차 세계대전으로 인류가 절멸한 세계에 포로가 된 남자는 강제로 시간여행 실험에 투입되고 여자를 만난다. 그리고 여자와 사랑 무언가를 나눈다. 절멸 이전의 세계로 돌아가려는 시간여행 실험에서 남자는 여자를 구원하려고 하나 공항 환송대에서 죽는다. 그리고 그가 평생 고통에 시달렸던 유년 시절 목격한 한 남자의 죽음과 여자의 얼굴이 바로 자기 자신과 그녀였음을 보여주며 영화는 끝을 맺는다.

1980년 5월 광주를 찍은 영상에는 허바허바사장 간판이 크게 보인다. 1980년 5월 21일 13시. 아마 13시 몇 분 전. 집단발포가 시작되기 바로 직전, 그러니까 애국가가 울려 퍼지기 전 계엄군과 시민들의 대치 영상에 찍힌 사진관 간판은 아주 짧게 지나간다.

40년 전 사진관으로 돌아간다면 나는 바로 눈앞에서 군인들의 총탄이 퍼붓는 학살의 현장에서 카메라를 들 수 있었을까? 2층 창문만 열면 학살의 현장이 훤히 내려다보이는 사진관에서 누가 발포를 지시했고 누가 쓰러졌고 누가 싸웠는지 사진을 찍을 수 있었을까? 그래서 사진으로 광주를 구원할 수 있었을까? 나는 카메라는커녕 눈을 감아버렸을 것이다.

찰스 베츠 헌틀리 선교사(한국명 허철선, 1936~2017)는 아마추어 사진동호회를 이끌며 기독교병원에서 사목으로 있던 중 1980년 광주를 겪게 된다. 항쟁기간 그는 병원에 실려오는 처참한 시민들과 자신의 신체를 내놓아서라도 이웃을 구하려는 시민들을 카메라로 기록한다. 그리고 자신의 양림동 사택에 비밀암실을 만들어 필름을 현상해 외국기자들에게 유포했다. 선교사로서 금지된 정치적 행위를 스스로 위반하면서까지 사진 한 장으로라도 도시를 구하고자 나선 것이다. 40년 전의 나와 다르게.

광주는 절대 카메라와 떨어질 수 없는 도시이다. 1980년 이후 광주는 카메라가 기록하고 사진의 증언으로 만들어진 도시이다. 40년 전 사진은 광주를 구원했고 사진 속의 광주는 주먹밥 한 덩이에 목숨까지 내놓을 수 있는 영원한 사랑의 맹세를 서약한 도시였다.

그러나 이 세상에 다시 없을 사랑이 끝난 후 도둑처럼 기어오는 현실의 지리멸렬함을 40년 동안 버텨낸 사람들에게 사진은 폭력이었다. 사랑의 맹세를 지키지 못했다는 괴로움에 망가진 몸뚱아리 앞에 가버린 사랑의 환희를 기억하게 만드는 사진은 그를 구원하지 못했다. 바로 일 년 전 사랑의 추억도 서늘하게 만들어버리는 사진인데, 40년 전의 세계를 구원하겠다니,

그때의 사랑을 구원하겠다니 가당치도 않은 소리다.

전생에 자신의 불경을 싣고 다니던 소를 어머니로 만나 어머니가 죽자 '죽고 사는 것이 괴로움이다'며 함께 땅속으로 들어가 버린『삼국유사』의 사복(蛇福)처럼 〈환송대〉의 남자가 시간을 오가며 구원하고자 했던 여자는 다가올 절멸의 세계 속에 남겨지고 그만 죽는다. 사진이 찍은 찰나의 순간은 다시 오지 않는 세계 속에 던져지고 단박에 윤회를 끊을 수 없는 사람들의 죽음의 자국인 셈이다.

그런데도 꼭 카메라에 찍힌 죽음의 증언만이 아니라 1980년 5월 광주에 있었던 사람들의 '신체'에 '인화'된 증언들을 소환하고 조형해내는 것이 지금 우리 삶의 과제라는 제안은 나를 다그친다. 사족 그만 달고 본론으로 전력질주 하라고.

* 이 글은 김만석의 「항아리 필름과 신체카메라 –항쟁 이미지에 관한 에세이–」(2020,광주영화포럼), 이태호의『조선후기 회화의 사실정신』(1996,학고재), 최인진의『한국사진사 –1631~1945–』(1999, 눈빛), 빌렘 플루서의『몸짓들』(1991저/2018역, 워크룸프레스)을 참고하였습니다.
* 글의 구성과 영감은 일제 강점기 자료를 알려주신 김만석 연구자, 그리고 함께 공부하는 '광주모더니즘' 동학들에게 큰 도움을 받았습니다.

광주모노그래프 02 | 오래된 가게

사라지는 것들에 기대다

초판 1쇄 찍은 날 2020년 12월 15일
초판 1쇄 펴낸 날 2020년 12월 21일

지은이 김동하, 김형중, 박성천, 범현이, 이화경, 한재섭
사진 인춘교

펴낸곳 (재)광주광역시 광주문화재단
발행부서 (재)광주광역시 광주문화재단 정책연구교류팀
61636 광주광역시 남구 천변좌로 338번길 7(구동)
전화 062-670-7434

만든곳 도서출판 심미안
주소 61489 광주광역시 동구 천변우로 487(학동) 2층
전화 062-651-6968
팩스 062-651-9690
메일 simmian21@hanmail.net
블로그 blog.naver.com/munhakdlesimmian
등록 2003년 3월 13일 제05-01-0268호

값 15,000원
ISBN 978-89-6381-351-6 03810
간행물등록번호 54-B553052-0038-1